Atlas CYMRU

OXFORD
UNIVERSITY PRESS

GWASG
PRIFYSGOL
RHYDYCHEN

Golygwyd gan Gill Miller

Cyhoeddwyd dan nawdd Cynllun Adnoddau Addysgu a Dysgu CBAC

OXFORD
UNIVERSITY PRESS

Great Clarendon Street, Rhydychen OX2 6DP

Mae Oxford University Press / Gwasg Prifysgol Rhydychen yn adran o Brifysgol Rhydychen.
Mae'n hyrwyddo nod y Brifysgol o ragoriaeth mewn ymchwil, ysgolheictod,
ac addysg drwy gyhoeddi'n fyd-eang yn

Rhydychen Efrog Newydd

Auckland Cape Town Dar es Salaam Hong Kong Karachi
Kuala Lumpur Madrid Melbourne Ciudad de México Nairobi
New Delhi Shanghai Taibei Toronto

Gyda swyddfeydd yn

Ariannin Awstria Brasil Chile Gweriniaeth Tsiec Ffrainc Groeg
Guatemala Hwngari Yr Eidal Japan Gwlad Pwyl Portiwgal Singapore
De Korea Y Swistir Gwlad Thai Twrci Ukrain Viet Nam

Mae Oxford yn nod masnach cofrestredig gan Oxford University Press / Gwasg Prifysgol
Rhydychen yn y DU ac mewn rhai gwledydd eraill

© Oxford University Press / Gwasg Prifysgol Rhydychen 2007

Cyhoeddwyd gyntaf 2007

Golygydd: Gill Miller; Golygydd Ymgynghorol: Gareth Jones

Addaswyd i'r Gymraeg gan Tegwen Williams

Noddwyd gan Lywodraeth Cynulliad Cymru

ISBN 978 0 19 831900 9

3 5 7 9 10 8 6 4 2

Argraffwyd yn Singapore gan KHL Printing Co. Pte. Cyf

Mae'r papur a ddefnyddiwyd i gynhyrchu'r llyfr hwn yn gynnyrch naturiol,
ailgylchadwy, wedi'i wneud o bren a dyfwyd mewn coedwigoedd cynaliadwy.
Mae'r broses gynhyrchu yn cydymffurfio â rheoliadau
amgylcheddol y wlad darddu.

2 Cynnwys

74–75

76–77

78–79

80–81

82–83

84–85

4 Gwneud synnwyr o'r Atlas

Sffêr yw'r Ddaear*.

Mae dwy set o linellau dychmygol yn ein helpu i ddisgrifio ble mae lleoedd ar y Ddaear.

Mae'r llinellau i gyd wedi'u rhifo ac mae gan rai enwau arbennig.

*Mae'n gwastadu rhyw fymryn at begwn y gogledd a phegwn y de.

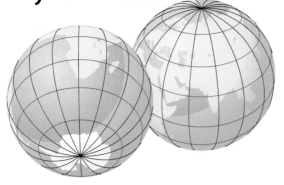

Hydred

Mae llinellau hydred yn mesur pellter tua'r dwyrain neu'r gorllewin. Gelwir y llinellau hyn yn **feridianau.**

Mae'r **Prif Feridian** (sydd hefyd yn cael ei alw'n Feridian Greenwich) ar hydred 0°.

Mae'r **Ddyddlinell** (ar ochr draw'r Ddaear) wedi'i seilio ar hydred 180°.

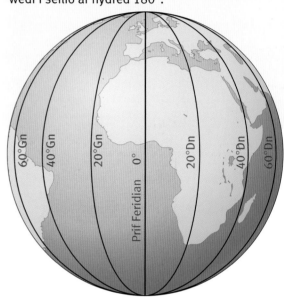

Lledred

Mae llinellau lledred yn mesur pellter tua'r gogledd neu'r de. Gelwir y llinellau hyn yn **gyflinau lledred.**

Mae'r cyhydedd ar ledred 0°.

Mae'r trofannau ar ledred 23°30'G a 23°30'D.

Mae'r cylchoedd pegynol ar ledred 66°30'G a 66°30'D.

Mae'r pegynau ar ledred 90°G a 90°D.

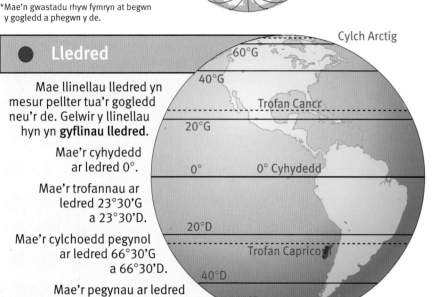

Graddfa

Mae mapiau'n llawer, llawer llai na'r arwynebedd y maent yn ei ddangos. Mae ychydig gentimetrau ar y map yn cynrychioli llawer iawn o gilometrau ar y ddaear.

GRADDFA 1: 2 000 000

Mae'r map isod â chymhareb (neu ffracsiwn cynrychiadol) o 1: 2 000 000. Mae'r map 2 filiwn gwaith yn llai na'r arwynebedd y mae'n ei ddangos.

Mae pob rhaniad ar y llinell raddfa yn un centime
Mae'r llinell raddfa'n dangos sawl cilometr y mae
un centimetr yn ei gynrychioli.

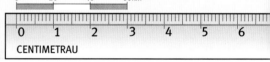

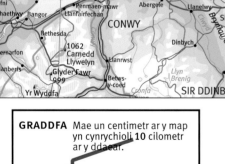

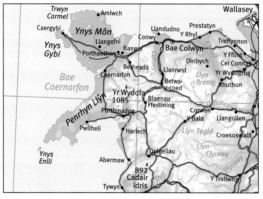

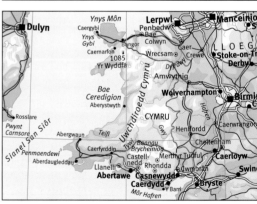

GRADDFA Mae un centimetr ar y map yn cynrychioli **10** cilometr ar y ddaear.

Mae'r pellter rhwng Bae Colwyn ac Abergele tua 10 km

Graddfa fwy arwynebedd llai gyda mwy o fanylder

GRADDFA Mae un centimetr ar y map yn cynrychioli **20** cilometr ar y ddaear.

Mae'r pellter rhwng Bangor a Chonwy tua 20 km

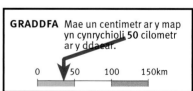

GRADDFA Mae un centimetr ar y map yn cynrychioli **50** cilometr ar y ddaear.

Mae'r pellter rhwng Aberdaugleddau a Chaerfyrddin tua 50 km

Graddfa lai arwynebedd mwy gyda llai o fanylder

Mapiau

Mae sawl math gwahanol o fapiau'n cael eu defnyddio yn yr atlas hwn. Mae pwrpas arbennig i bob arddull ac mae'n cynrychioli gwybodaeth mewn ffordd benodol.

Map topograffig
Mae mapiau topograffig yn dangos prif nodweddion y dirwedd ffisegol, yr afonydd, y bryniau a'r dyffrynnoedd. Maent hefyd yn dangos y prif aneddiadau a chyfathrebiadau.
O td7

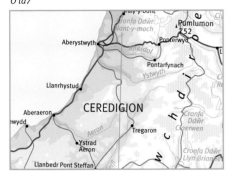

Cartogram
Mae cartogramau'n eithaf cymhleth i'w llunio. Mae maint yr arwynebedd yn cyfateb i faint y data sy'n cael ei gynrychioli. Yma, lluniwyd pob Awdurdod Lleol fel bod ei faint yn cyfateb i faint ei boblogaeth.
O td35

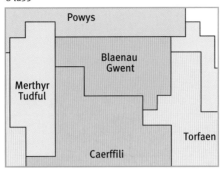

Map coropleth
Mae mapiau coropleth yn dangos data am ardaloedd.
O td31

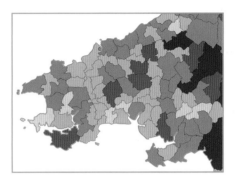

Map isopleth
Mae'r llinellau'n uno pob lle sydd â'r un gwerth. Yn y map hwn mae gan bob lle ar hyd llinell benodol yr un tymheredd.
O td18

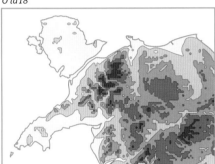

Map symbolau pwynt
Mae mapiau symbolau pwynt yn dangos ble yn union mae modd gweld nodwedd neilltuol.
O td33

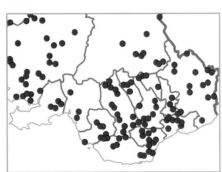

Delwedd lloeren
Mae delweddau lloeren yn rhoi golwg o'r gofod. Maent yn darllen y pelydriad oddi ar wyneb y Ddaear ac yn creu delwedd weledol.

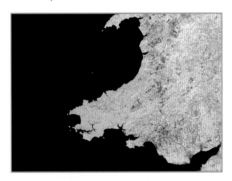

Graffiau

Defnyddir gwahanol fathau o graffiau i gynrychioli gwahanol fathau o ddata

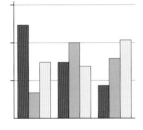

Colofn glystyrog
Mae'n cymharu gwerthoedd ar draws categorïau
Gweler enghraifft td59

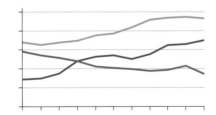

Graff llinell
Mae'n dangos sut mae data'n newid dros amser
Gweler enghraifft td54

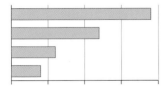

Siart bar syml
Mae hyd pob bar yn gymesur â'u werth. Mae'n hawdd cymharu data.
Gweler enghraifft td130

Siart cylch
Mae'n dangos cyfraniad pob gwerth at gyfanswm.
Gweler enghraifft td61

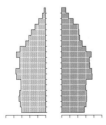

Pyramid poblogaeth
Mae pyramidiau poblogaeth yn dangos oedran a rhyw poblogaeth. Maent yn cymharu maint gwahanol grwpiau oedran a rhyw.
Gweler enghraifft td37

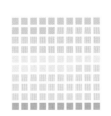

Diagram '100%'
Mae'n dangos y cyfrannau data mewn ffordd glir a syml.
Gweler enghraifft td78

6 Cymru yn y Byd

Mae Cymru'n un o genhedloedd y Deyrnas Unedig. Fel rhan o'r DU, mae Cymru hefyd yn elwa ar, ac yn cyfrannu at, fywyd economaidd a chymdeithasol yr Undeb Ewropeaidd (UE).

Llywodraeth Cynulliad Cymru sy'n gyfrifol am ddatblygu a gweithredu materion sydd wedi cael eu datganoli i Gymru.

Un strategaeth bwysig yw galluogi cenedl Cymru i gyfrannu'n llawn at y gymuned fyd-eang. Mae Llywodraeth y Cynulliad yn ceisio arwain ar lefel fyd-eang fel 'cenedl gynaliadwy' ac yn croesawu cynlluniau, technoleg ac entrepreneuriaeth fyd-eang er budd pobl Cymru.

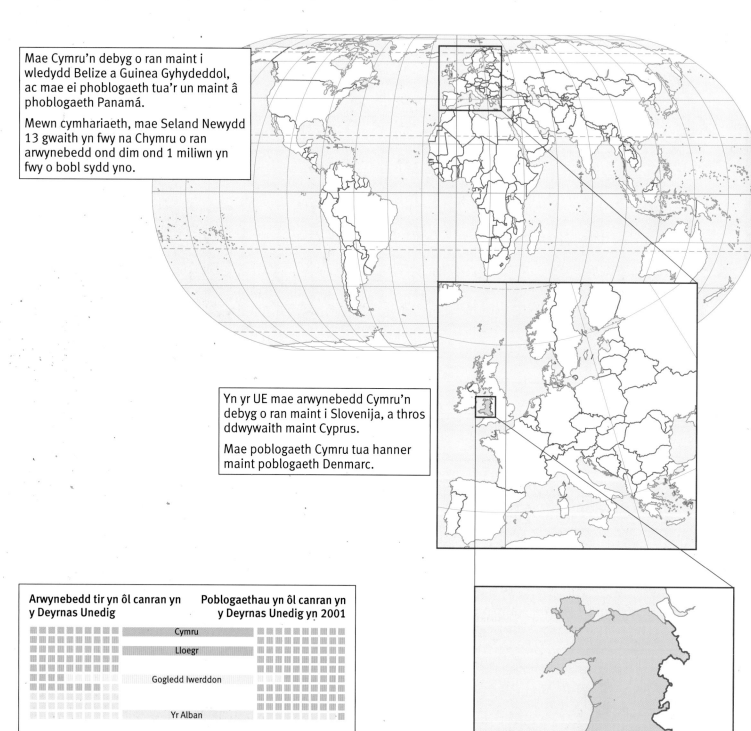

Mae Cymru'n debyg o ran maint i wledydd Belize a Guinea Gyhydeddol, ac mae ei phoblogaeth tua'r un maint â phoblogaeth Panamá.

Mewn cymhariaeth, mae Seland Newydd 13 gwaith yn fwy na Chymru o ran arwynebedd ond dim ond 1 miliwn yn fwy o bobl sydd yno.

Yn yr UE mae arwynebedd Cymru'n debyg o ran maint i Slovenija, a thros ddwywaith maint Cyprus.

Mae poblogaeth Cymru tua hanner maint poblogaeth Denmarc.

Arwynebedd tir yn ôl canran yn y Deyrnas Unedig

Poblogaethau yn ôl canran yn y Deyrnas Unedig yn 2001

Cymru
Lloegr
Gogledd Iwerddon
Yr Alban

	arwynebedd mewn km²	poblogaeth 2001
Cymru	20 778	2 903 085
Lloegr	130 432	49 138 831
Gogledd Iwerddon	14 150	1 685 267
Yr Alban	78 807	5 062 011
Y Deyrnas Unedig	244 167	58 789 194

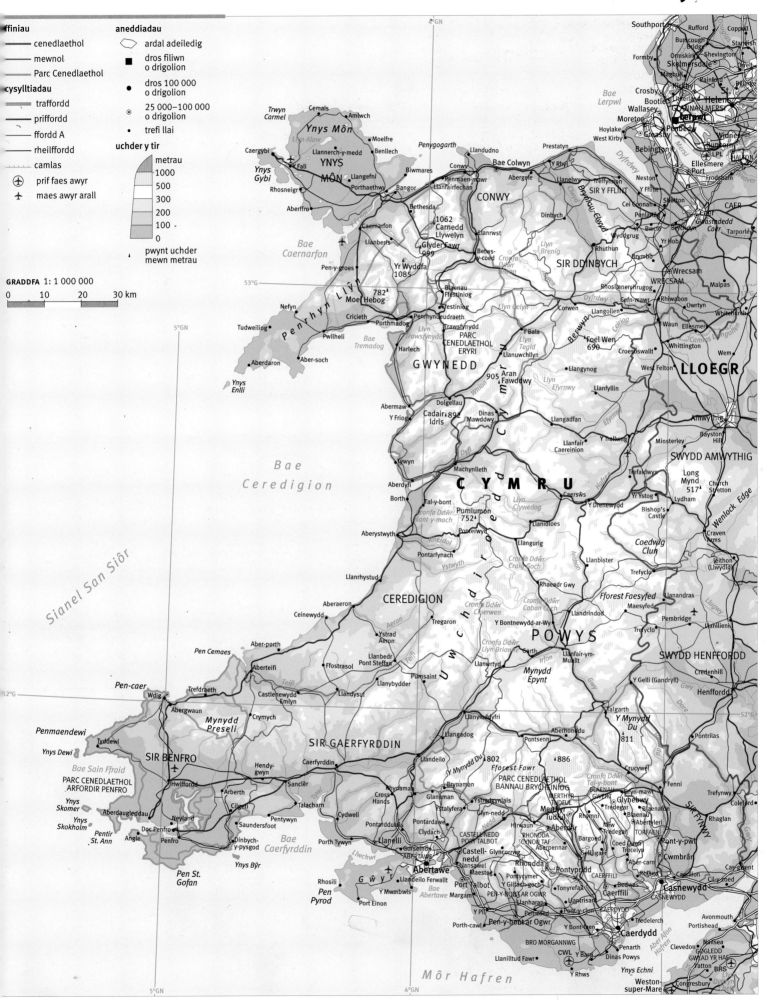

ffiniau
— cenedlaethol
— mewnol
— Parc Cenedlaethol

cysylltiadau
— trafffordd
— priffordd
— ffordd A
— rheilffordd
— camlas
⊕ prif faes awyr
✈ maes awyr arall

aneddiadau
⬡ ardal adeiledig
■ dros filiwn o drigolion
● dros 100 000 o drigolion
⊙ 25 000–100 000 o drigolion
• trefi llai

uchder y tir

metrau
1000
500
300
200
100
0

▲ pwynt uchder mewn metrau

GRADDFA 1: 1 000 000

0   10   20   30 km

8 Awdurdodau Lleol

Ym 1974 creodd newidiadau i ffiniau llywodraeth leol ardaloedd gweinyddol newydd. Cafodd y ffiniau hyn eu newid eto ym 1996 a chawsant eu galw'n Awdurdodau Unedol.

Diben yr ardaloedd hyn oedd darparu gweinyddiaeth a gwasanaethau cyhoeddus i'r gymuned leol yn fwy effeithlon.

Mae newidiadau i'r ffiniau yn adlewyrchu'r newidiadau yn nosbarthiad poblogaeth Cymru a'r nifer o bobl mewn gwahanol rannau o Gymru. Mae'r prif fap yn dangos ffiniau'r Awdurdodau Lleol yn 2003.

Cyn 1974 roedd Sir y Fflint wedi ei rhannu yn ddwy ran.

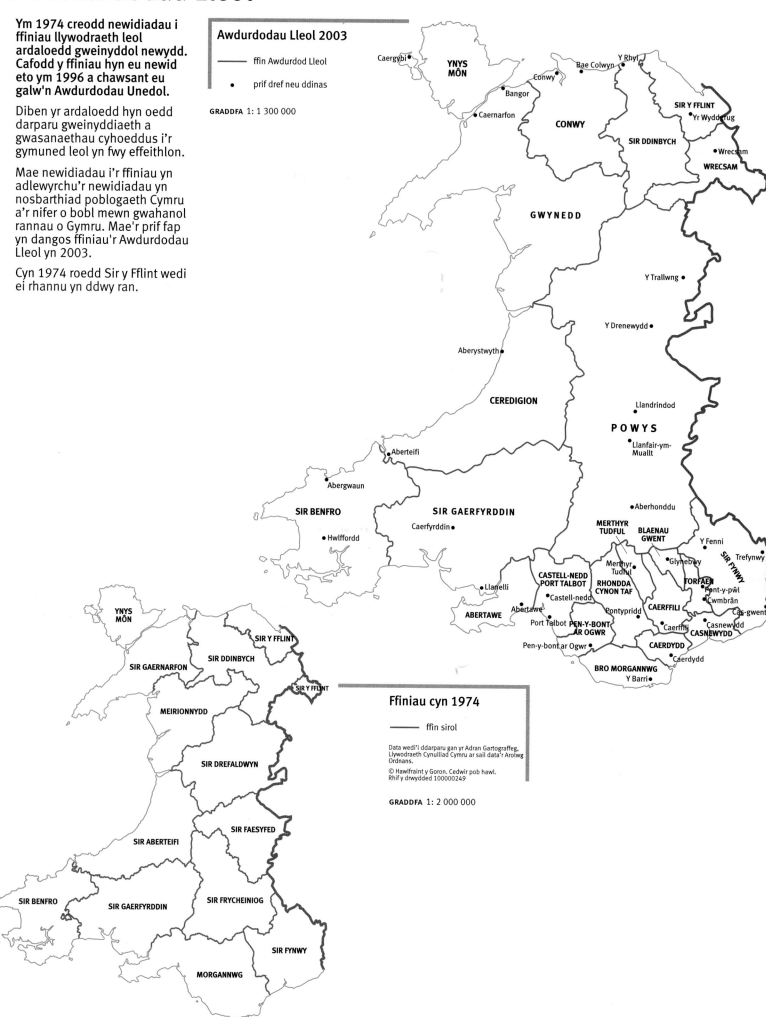

Awdurdodau Lleol 2003

—— ffin Awdurdod Lleol

• prif dref neu ddinas

GRADDFA 1: 1 300 000

Ffiniau cyn 1974

—— ffin sirol

Data wedi'i ddarparu gan yr Adran Gartograffeg, Llywodraeth Cynulliad Cymru ar sail data'r Arolwg Ordnans.

© Hawlfraint y Goron. Cedwir pob hawl.
Rhif y drwydded 100000249

GRADDFA 1: 2 000 000

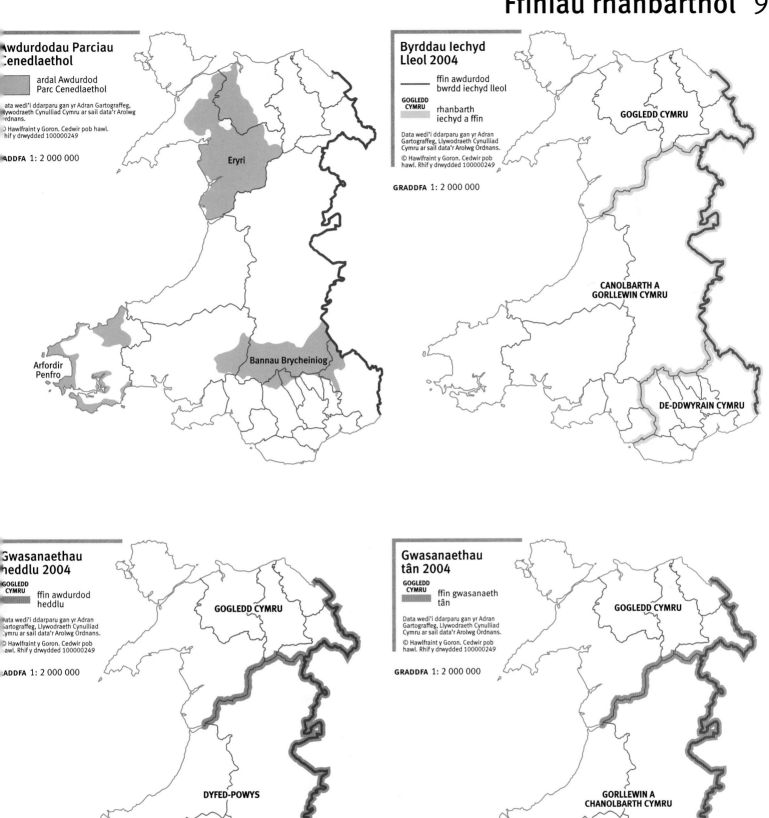

Awdurdodau Parciau Cenedlaethol

ardal Awdurdod Parc Cenedlaethol

Data wedi'i ddarparu gan yr Adran Gartograffeg, Llywodraeth Cynulliad Cymru ar sail data'r Arolwg Ordnans.

© Hawlfraint y Goron. Cedwir pob hawl. Rhif y drwydded 100000249

GRADDFA 1: 2 000 000

Eryri

Arfordir Penfro

Bannau Brycheiniog

Byrddau Iechyd Lleol 2004

ffin awdurdod bwrdd iechyd lleol

GOGLEDD CYMRU rhanbarth iechyd a ffin

Data wedi'i ddarparu gan yr Adran Gartograffeg, Llywodraeth Cynulliad Cymru ar sail data'r Arolwg Ordnans.

© Hawlfraint y Goron. Cedwir pob hawl. Rhif y drwydded 100000249

GRADDFA 1: 2 000 000

GOGLEDD CYMRU

CANOLBARTH A GORLLEWIN CYMRU

DE-DDWYRAIN CYMRU

Gwasanaethau heddlu 2004

GOGLEDD CYMRU ffin awdurdod heddlu

Data wedi'i ddarparu gan yr Adran Gartograffeg, Llywodraeth Cynulliad Cymru ar sail data'r Arolwg Ordnans.

© Hawlfraint y Goron. Cedwir pob hawl. Rhif y drwydded 100000249

GRADDFA 1: 2 000 000

GOGLEDD CYMRU

DYFED-POWYS

GWENT

DE CYMRU

Gwasanaethau tân 2004

GOGLEDD CYMRU ffin gwasanaeth tân

Data wedi'i ddarparu gan yr Adran Gartograffeg, Llywodraeth Cynulliad Cymru ar sail data'r Arolwg Ordnans.

© Hawlfraint y Goron. Cedwir pob hawl. Rhif y drwydded 100000249

GRADDFA 1: 2 000 000

GOGLEDD CYMRU

GORLLEWIN A CHANOLBARTH CYMRU

DE CYMRU

10 Arwain Cymru

Daeth Cynulliad Cenedlaethol Cymru i fodolaeth ym 1999. Ei ddiben yw datblygu ac addasu polisi a chymeradwyo deddfwriaeth i adlewyrchu anghenion pobl Cymru.

Mae Cymru yn dal i fod yn rhan o'r DU ac mae deddfau sy'n cael eu pasio gan y Senedd yn San Steffan yn dal i fod yn gymwys i Gymru. Fodd bynnag, mae Deddf Llywodraeth Cymru 2006 wedi cyflwyno nifer o newidiadau arwyddocaol. Mae un o'r rhain yn galluogi'r Cynulliad i greu deddfau mewn meysydd sydd wedi eu datganoli, megis iechyd, addysg, gwasanaethau cymdeithasol a llywodraeth leol.

Y Siambr Drafod

Cynulliad Cenedlaethol Cymru

Etholaethau'r Cynulliad a phwyllgorau rhanbarthol 2005

— Conwy ffiniau etholaethau'r Cynulliad

Gogledd Cymru ffiniau'r pwyllgorau a'r etholaethau rhanbarthol

Ffynhonnell: Cynulliad Cenedlaethol Cymru

GRADDFA 1: 1 300 000

1 Dyffryn Clwyd	13 Caerffili
2 Alun a Glannau Dyfrdwy	14 Islwyn
3 Wrecsam	15 Blaenau Gwent
4 Gorllewin Abertawe	16 Torfaen
5 Dwyrain Abertawe	17 Dwyrain Casnewydd
6 Aberafan	18 Gorllewin Casnewydd
7 Pen-y-bont ar Ogwr	19 Gogledd Caerdydd
8 Ogwr	20 Gorllewin Caerdydd
9 Rhondda	21 Canol Caerdydd
10 Pontypridd	22 De Caerdydd a Phenarth
11 Cwm Cynon	
12 Merthyr Tudful a Rhymni	

(Map of Wales showing: Ynys Môn, Gogledd Cymru, Arfon, Aberconwy, Delyn, Gorllewin Clwyd, De Clwyd, Dwyfor Meirionnydd, Sir Drefaldwyn, Canolbarth a Gorllewin Cymru, Ceredigion, Brycheiniog a Sir Faesyfed, Preseli Sir Benfro, Dwyrain Caerfyrddin a Dinefwr, Gorllewin Caerfyrddin a De Sir Benfro, Llanelli, Castell-nedd, Gŵyr, Gorllewin De Cymru, Canol De Cymru, Mynwy, Bro Morgannwg, Dwyrain De Cymru — with numbered constituencies 1-22)

Cynulliad Cenedlaethol Cymru

60 aelod i gyd

40 aelod etholaeth

20 aelod rhanbarthol (pedwar ym mhob un o'r pum rhanbarth etholiadol)

Mae'r penderfyniadau a wneir gan y gwleidyddion sydd wedi cael eu hethol yn ddemocrataidd yng Nghynulliad Cenedlaethol Cymru, Llywodraeth Cynulliad Cymru ac o fewn Awdurdodau Lleol yn cael dylanwad allweddol ar fywyd yng Nghymru. Mae'r Cynulliad yn penderfynu ar ei flaenoriaethau, sy'n ymateb i anghenion Cymru wrth iddynt newid yn yr unfed ganrif ar hugain, ac yn dyrannu arian a ddaw oddi wrth Drysorlys y DU. Mae penderfyniadau ar lefel genedlaethol a lleol yn dylanwadu'n fawr ar fywydau, gwaith a hamdden pobl Cymru, a hefyd ar yr amgylchedd naturiol.

Swyddogaeth Llywodraeth Cynulliad Cymru yw:

- datblygu addysg, hyfforddiant a dysgu gydol oes yng Nghymru
- datblygu a chyllido gwasanaethau GIG yng Nghymru
- gweinyddu arian Ewropeaidd yn cynnwys rhaglen Amcan Un
- gweinyddu cyllid ar gyfer Awdurdodau Lleol yng Nghymru
- datblygu polisi tai, gan gynnwys mynd i'r afael â digartrefedd
- noddi cyrff sy'n amddiffyn a gwarchod bywyd gwyllt a chynefinoedd naturiol
- datblygu fframwaith cludiant integredig i Gymru
- hyrwyddo cynlluniau amaethyddol a datblygu gwledig
- datblygu cynlluniau i hyrwyddo diwylliant a threftadaeth Cymru
- sefydlu cynlluniau datblygu cynaliadwy a chyfle cyfartal, a datblygu technoleg gwybodaeth a chyfathrebu yng Nghymru.

Swyddogaeth yr Awdurdodau Lleol yw:

- derbyn a rheoli arian oddi wrth Lywodraeth Cynulliad Cymru
- codi arian oddi wrth drethdalwyr
- rheoli a chyflwyno gwasanaethau lleol.

Cyffordd ar y draffordd gerllaw Pen-y-bont ar Ogwr. Mae angen rhwydweithiau ffyrdd modern ar ganolfannau diwydiant wrth iddynt ehangu.

Golygfeydd o orffennol diwydiannol Glynebwy.

Glynebwy 2003

Gardd Fotaneg Genedlaethol Cymru yn Llanarthne. Mae'r Tŷ Gwydr Mawr yn cynnwys rhai o rywogaethau planhigion prinnaf y byd.

12 Tirweddau

B Ynys Môn

Llwyfandir isel o ffermydd defaid a thir âr yw Ynys Môn. Mae'r ardal wledig agored a thonnog yn cwrdd â'r morlin o draethau, twyni tywod a chlogwyni sy'n hafan nythu i adar.

Mae Pont y Borth a Phont Britannia'n cario traffig ffordd a rheilffordd ar draws y Fenai o'r tir mawr.

I'r gogledd-orllewin, ar hyd yr A5, Caergybi yw'r prif borthladd ar gyfer gwasanaethau fferi rhwng Iwerddon a Chymru.

C Y Gogarth

Pentir calchfaen yw hwn sy'n edrych i lawr dros Landudno ac arfordir gogledd Cymru.

Wedi'i ffurfio mewn moroedd trofannol cynt 350 miliwn o flynyddoedd yn ôl, mae'n hawdd dod o hyd i ffosilau o gwrelau a molwsgiaid yng nghalchfaen y Gogarth. Mae'r Gogarth wedi bod yn gartref i bobl ers Oes y Cerrig ac mae yma lawer o olion archaeolegol fel cylchoedd cerrig a thomenni claddu.

A Eryri

Cafodd tirwedd Eryri ei herydu yn yr Oes Iâ pan gafodd dyffrynnoedd dyfn dramatig, mynyddoedd garw, rhaeadrau a llynnoedd eu ffurfio gan rewlif. Ar hyd yr arfordir mae traethau tywod, a morydau hardd afonydd Dyfi, Mawddach a Glaslyn. Mae yma amrywiaeth gyfoethog o ecosystemau a bywyd gwyllt yn ogystal ag olion Neolithig a Rhufeinig. Heddiw, ffermio defaid a thwristiaeth yw'r gweithgareddau economaidd pwysicaf.

CH Harlech

Mae Cymru yn un o'r mannau sydd â'r nifer mwyaf o gestyll yn Ewrop. Mae Castell Harlech yn nodweddiadol o'r cestyll caerog ar hyd yr arfordir, sydd wedi'u lleoli ar dir creigiog trawiadol neu ar lannau aberoedd. Cafodd y rhain eu codi gan y goresgynwyr Normanaidd ac Edward I i reoli tiroedd y gogledd oedd wedi eu goresgyn.

Codwyd cestyll Normanaidd eraill ar hyd y Mers, ar y ffin â Lloegr, a chodwyd rhai cestyll i Gymry brodorol ddianc iddynt, ym mherfeddion y wlad.

D Sir Benfro

Am fwy na 200 km mae morlin Sir Benfro yn rhoi inni olygfeydd ysblennydd gyda chlogwyni gwyllt, pentiroedd, baeau tywodlyd, morydau coediog a thwyni glaswelltog.

Mae llawer o'r creigiau folcanig Cyn-Gambriaidd ac Ordofigaidd yn gallu gwrthsefyll grym erydol y tonnau. Mae dyfroedd arfordirol cynnes Llif y Gwlff yn golygu bod amrywiaeth cyfoethog o fywyd gwyllt yn gallu ffynnu. Mae adar o'r rhanbarthau deheuol cynnes yn nythu ochr yn ochr ag adar o'r rhanbarthau gogleddol oerach.

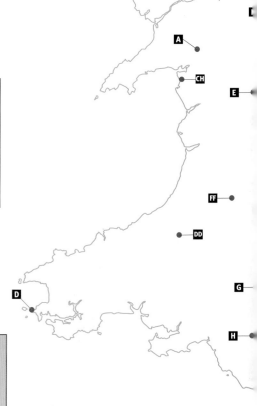

DD Ceredigion a gorllewin Cymru

Yn yr ardaloedd hyn ceir bryniau isel a dyffrynnoedd afonydd llydan fel dyffrynnoedd Teifi ac Aeron. Mae'r dirwedd fryniog o gaeau a choed yn cynnal ffermydd gwartheg eidion a defaid.

E Y Berwyn

Yng ngogledd Powys y mae mynyddoedd y Berwyn. Mae llethrau coediog a gweundiroedd grug yn cynnal coedwigaeth fasnachol a ffermio defaid tir uchel.

Llyn gwneud, a gafodd ei gronni ym 1881 i ddarparu dŵr i Lerpwl, yw Llyn Efyrnwy. Mae'r ardal o amgylch y llyn yn warchodfa natur fawr.

F Dyffryn Clwyd

Mae tirwedd fryniog gogledd-ddwyrain Cymru a Dyffryn Clwyd yn darparu tir ffermio bras ar gyfer ffermio llaeth, cnydau âr a defaid. Mae'r caeau wedi eu rhannu gan rwydwaith o berthi a waliau cerrig sych traddodiadol. Mae yma lawer o nentydd ac afonydd dolennog fel Ystrad, Clywedog a Chlwyd.

Mae ffermio'n rhan bwysig o fywyd yng Nghymru ac mae gwahaniaeth mawr rhwng yr iseldiroedd ffrwythlon a'r amodau ffermio anodd ar y gweundiroedd uchel.

FFEIL FFEITHIAU CYMRU

y man uchaf	Yr Wyddfa (1065m)
y llyn mwyaf	Llyn Tegid (4.4 cilometr sgwâr)
yr afon hiraf	Afon Tywi (103 cilometr)

hyd y morlin:

y tir mawr yn unig	2740 cilometr
y tir mawr a'r ynysoedd	2920 cilometr

G Bannau Brycheiniog

Mae'r mynyddoedd hyn yn ymestyn o'r Mynyddoedd Du yn y gorllewin i'r Bannau yn y dwyrain. Y copa uchaf yw Pen y Fan (886m).

Mae'n dirwedd hynafol o gopaon tywodfaen sy'n gwahanu canolbarth gwledig Cymru oddi wrth y cymoedd ymhellach i'r de. Rhewlifau a ffurfiodd y dirwedd hon 20 000 o flynyddoedd yn ôl. Mae meini hirion a chylchoedd hynafol yn dangos bod pobl wedi byw yma ers dros 5000 o flynyddoedd.

Heddiw, mae twristiaeth yn bwysig ac mae angen cadwraeth i ddiogelu ardaloedd o weundir, gwlyptir a henebion sydd dan fygythiad.

FF Pumlumon

Mae ucheldir garw Pumlumon – pum copa – yn 752 m o uchder a dyma'r nodwedd amlycaf yn nhirwedd y canolbarth. Creigiau o garreg laid a thywodfaen sy'n creu'r bryniau.

Mae pum afon yn llifo o'r dirwedd odidog hon – Hafren, Gwy, Ystwyth, Rheidol a Theifi, ac mae cronfeydd dŵr mawr i'w cael yn rhai o'r dyffrynnoedd. Mae yma lawer o safleoedd treftadaeth a gweithfeydd plwm y bedwaredd ganrif ar bymtheg. Mae ffermio defaid yn bwysig heddiw ac mae twristiaid yn mwynhau gwylio adar, pysgota a cherdded.

NG Wyneb modern Cymru

Codwyd Stadiwm y Mileniwm yng Nghaerdydd ym 1999. Mae'n enwog am ei do sy'n agor, y cyntaf yn y DU.

Mae'r stadiwm pwrpasol hwn, o safon fyd-eang, yn dal 74 500 o dorf a chaiff ei ddefnyddio ar gyfer rygbi a phêl-droed, yn ogystal â rasio beiciau modur a chyngherddau o bob math.

H Cwm Rhondda

Mae'r ardal hon yn symbol o Gymoedd gwyrddion Cymru lle daeth cloddio am lo yn rhan annatod o dreftadaeth a diwylliant Cymru.

Yn y cymoedd cul, serth rhwng Bannau Brycheiniog ac arfordir y de, mae'r trefi llinol eu ffurf yn newid. Mae tai a busnesau a chysylltiadau ffordd a rheilffordd newydd yn gweddnewid y dirwedd ond mae diwylliant cyfoethog a chymeriad y Cymoedd yn parhau.

Tafluniad Mercator Ardraws
© Gwasg Prifysgol Rhydychen
© Oxford University Press

14 Daeareg: y creigiau

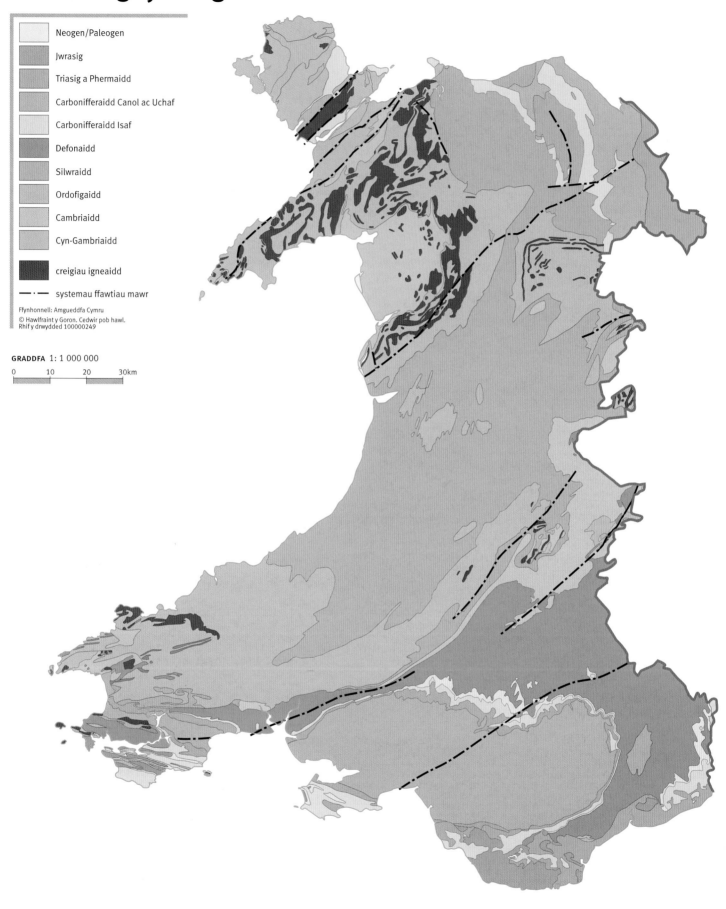

Neogen/Paleogen

Jwrasig

Triasig a Phermaidd

Carbonifferaidd Canol ac Uchaf

Carbonifferaidd Isaf

Defonaidd

Silwraidd

Ordofigaidd

Cambriaidd

Cyn-Gambriaidd

creigiau igneaidd

systemau ffawtiau mawr

Ffynhonnell: Amgueddfa Cymru

© Hawlfraint y Goron. Cedwir pob hawl.
Rhif y drwydded 100000249

GRADDFA 1: 1 000 000

0   10   20   30km

Mae'r patrwm creigiau yng Nghymru yn rhan o hanes symudiad y cyfandiroedd o amgylch y Ddaear. Mae symudiadau daear hir, araf a masfawr wedi gogwyddo, plygu, malurio a symud haenau o greigiau fel bod rhai ymhell iawn erbyn hyn o'r fan lle roeddent wedi ymffurfio yn wreiddiol.

Caiff oed y cyfnodau daearegol eu cofnodi mewn miliynau o flynyddoedd cyn y presennol (CP).

Y creigiau mwyaf newydd

Dyddiadau yn fras
mewn miliynau o flynyddoedd cyn y presennol

— 0

Cwaternaidd

Cafodd ardaloedd arfordirol eu boddi o ganlynaid i'r codiad yn lefel y môr wrth i rewlifau a llenni iâ ddadmer ar ddiwedd yr Oes Iâ.

Yn ystod yr 'Oes Iâ' cofnodwyd cyfnodau oer rhewlifol am yn ail â chyfnodau rhyngrewlifol cynnes. Rhewlifau'r Rhewlifiant Diwethaf, a oedd yn ei anterth tua 20 000 o flynyddoedd yn ôl, fu'n gyfrifol am erydu dyffrynnoedd dwfn Eryri, Cadair Idris a Bannau Brycheiniog a dyddodi gwaddodion rhewlifol (til [clog-glai], a thywod a graean) ar loriau dyffrynnoedd ac iseldiroedd fel Ynys Môn a Phen Llŷn.

— 2

Neogen/Paleogen

Roedd hwn yn gyfnod o ymgodiad mynyddoedd ac erydiad Cymru, a datblygiad y tirffurf sylfaenol a'r patrwm draeniad a welwn heddiw.

— 65

Cretasig

Nid oes creigiau o'r cyfnod hwn i'w cael yng Nghymru ond, yn ôl pob tebyg, roedd y tir wedi'i foddi o dan ddyfroedd y môr Sialc.

— 145

Jwrasig

Mae creigiau'r cyfnod Jwrasig cynnar, sef calchfeini a cherrig llaid yn bennaf a ddyddodwyd ar wely môr cynnes a bas, i'w cael ym Mro Morgannwg yn unig.

— 200

Triasig/Permaidd

Mae'r tywodfeini a'r cerrig llaid a ddyddodwyd yn ystod y cyfnod hwn dan amodau hinsoddol cras neu led-gras i'w cael yn bennaf ym Mro Morgannwg a Dyffryn Clwyd. Cafodd amryfeini Bro Morgannwg eu dyddodi gan fflachlifau.

Cyfnod o ymgodiad tir a chreu mynyddoedd oedd y cyfnod Permaidd i raddau helaeth.

— 300

Carbonifferaidd Canol ac Uchaf

Yn dilyn enciliad y môr, dyddodwyd trwch o waddodion afonol a deltaidd. Yna, rhoddodd y fforestydd trofannol toreithiog, a dyfai ar wastadeddau arfordirol, fod i'r gwythiennau glo sydd i'w cael ymhlith cerrig llaid a thywodfeini y Cystradau Glo.

— 330

Carbonifferaidd Isaf

Yn ystod y cyfnod hwn cafodd dilyniannau trwchus o galchfeini eu dyddodi mewn moroedd trofannol, cynnes i'r gogledd a'r de o'r tir mynyddig a oedd, ar y pryd, yn nodweddu canolbarth Cymru.

— 360

Defonaidd

Canlyniad erydiad y mynyddoedd Caledonaidd yw Hen Dywodfaen Coch. Mae'n ddilyniant o dywodfeini a cherrig llaid a ddyddodwyd gan afonydd mewn amgylchedd lled-gras.

— 420

Silwraidd

Yn ogystal â thywodfeini a cherrig llaid morol, mae calchfeini i'w cael mewn mannau yng nghreigiau'r cyfnod hwn, a enwyd ar ôl y Silwriaid, un o lwythau'r Oes Haearn a drigai yn ne-ddwyrain Cymru. Ceir creigiau folcanig Silwraidd yn ne-orllewin Cymru hefyd.

Cafodd y mynyddoedd Caledonaidd eu creu yn ystod cyfnod o symudiadau daear grymus a ddechreuodd yn y cyfnod hwn ac a barhaodd hyd y cyfnod Defonaidd.

— 445

Ordofigaidd

Cafodd y cyfnod hwn ei enwi ar ôl yr Ordofigiaid, un o lwythau'r Oes Haearn a oedd yn byw yng ngogledd Cymru. Er mai cerrig llaid a thywodfeini morol yw'r creigiau mwyaf cyffredin, mae'r cyfnod hwn yn adnabyddus am y gweithgaredd folcanig tanfor a daearol grymus a roddodd fod i greigiau folcanig Eryri a'r cyffiniau, Cadair Idris, gogledd Penfro ac ardal Llanfair-ym-Muallt.

Caiff nifer o isgyfnodau'r cyfnod Ordofigaidd, megis Tremadog, Arennig a Llan-fyrn-Llandeilo, a enwyd ar ôl lleoedd yng Nghymru, eu cydnabod yn rhyngwladol.

— 490

Cambriaidd

Cambria oedd enw'r Rhufeiniaid ar Gymru. O ddechrau'r cyfnod hwn bron hyd ddiwedd y cyfnod Silwraidd roedd Cymru o dan y môr. Rhwng aberoedd afonydd Dwyryd a Glaslyn ac yng ngogledd Penfro, yn bennaf, y deuir o hyd i greigiau Cambriaidd, sef tywodfeini a cherrig llaid gan mwyaf.

— 540

Cyn-Gambriaidd

Er eu bod yn gyfyngedig i ogledd-orllewin Cymru (yn enwedig Ynys Môn) a gogledd Penfro i raddau helaeth, mae'r creigiau Cyn-Gambriaidd hynaf y gwyddom amdanynt yn brigo ger Maesyfed ac maent yn gynnyrch gweithgaredd folcanig a ddigwyddodd 702 o filiynau o flynyddoedd yn ôl. Cafwyd hyd i'r ffosilau cynharaf, sy'n ymdebygu i slefrod môr, mewn cerrig llaid morol sy'n brigo ger Caerfyrddin. Roedd cyfnodau o ffawtio, plygu, ymgodi ac erydu hefyd yn nodweddu'r cyfnod Cyn-Gambriaidd.

mwy na
700 miliwn o flynyddoedd
cyn y presennol

Creigiau hynaf

16 Daeareg drifft

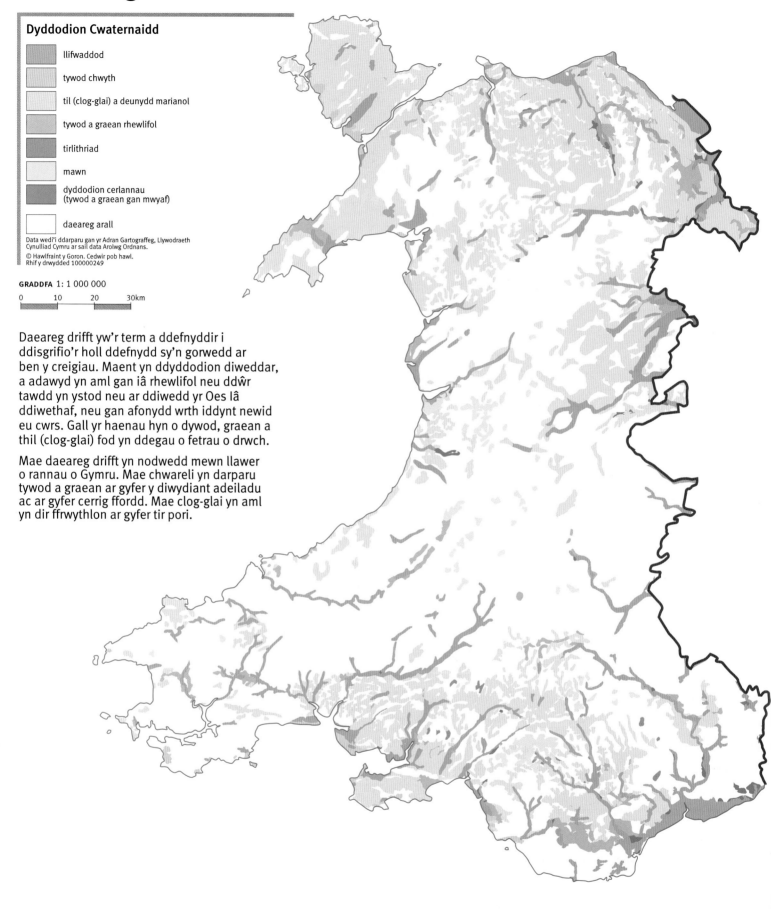

Dyddodion Cwaternaidd

- llifwaddod
- tywod chwyth
- til (clog-glai) a deunydd marianol
- tywod a graean rhewlifol
- tirlithriad
- mawn
- dyddodion cerlannau (tywod a graean gan mwyaf)
- daeareg arall

GRADDFA 1: 1 000 000

0   10   20   30km

Daeareg drifft yw'r term a ddefnyddir i ddisgrifio'r holl ddefnydd sy'n gorwedd ar ben y creigiau. Maent yn ddyddodion diweddar, a adawyd yn aml gan iâ rhewlifol neu ddŵr tawdd yn ystod neu ar ddiwedd yr Oes Iâ ddiwethaf, neu gan afonydd wrth iddynt newid eu cwrs. Gall yr haenau hyn o dywod, graean a thil (clog-glai) fod yn ddegau o fetrau o drwch.

Mae daeareg drifft yn nodwedd mewn llawer o rannau o Gymru. Mae chwareli yn darparu tywod a graean ar gyfer y diwydiant adeiladu ac ar gyfer cerrig ffordd. Mae clog-glai yn aml yn dir ffrwythlon ar gyfer tir pori.

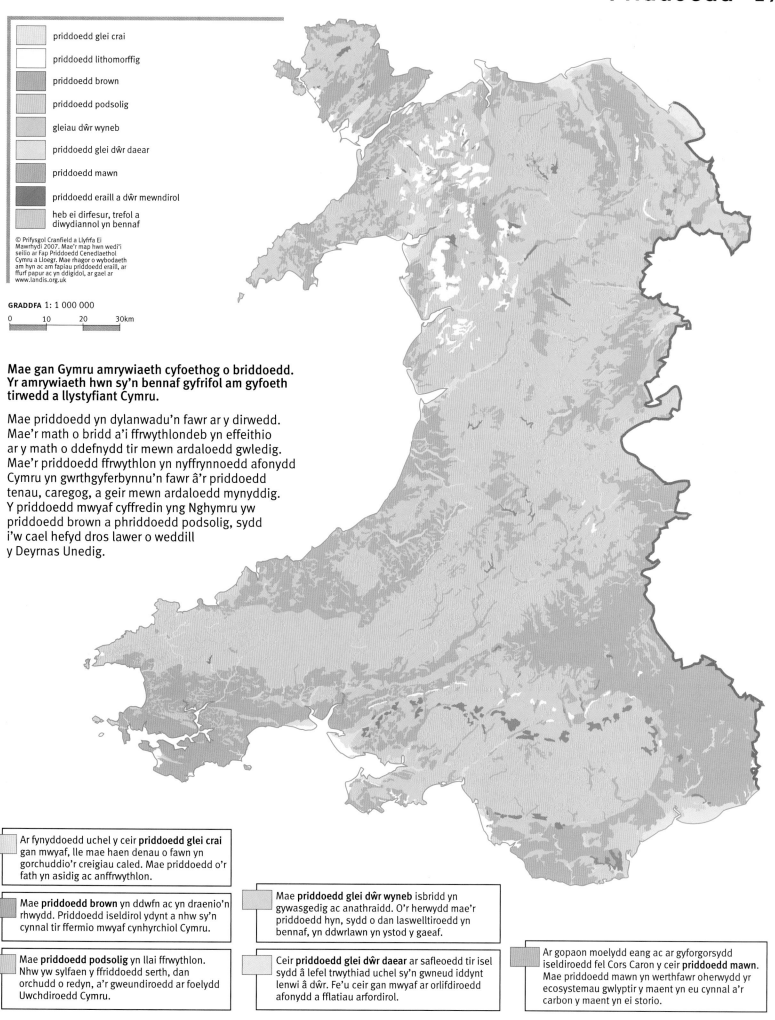

priddoedd glei crai

priddoedd lithomorffig

priddoedd brown

priddoedd podsolig

gleiau dŵr wyneb

priddoedd glei dŵr daear

priddoedd mawn

priddoedd eraill a dŵr mewndirol

heb ei dirfesur, trefol a diwydiannol yn bennaf

© Prifysgol Cranfield a Llyfrfa Ei Mawrhydi 2007. Mae'r map hwn wedi'i seilio ar Fap Priddoedd Cenedlaethol Cymru a Lloegr. Mae rhagor o wybodaeth am hyn ac am fapiau priddoedd eraill, ar ffurf papur ac yn ddigidol, ar gael ar www.landis.org.uk

GRADDFA 1: 1 000 000

0   10   20   30km

Mae gan Gymru amrywiaeth cyfoethog o briddoedd. Yr amrywiaeth hwn sy'n bennaf gyfrifol am gyfoeth tirwedd a llystyfiant Cymru.

Mae priddoedd yn dylanwadu'n fawr ar y dirwedd. Mae'r math o bridd a'i ffrwythlondeb yn effeithio ar y math o ddefnydd tir mewn ardaloedd gwledig. Mae'r priddoedd ffrwythlon yn nyffrynnoedd afonydd Cymru yn gwrthgyferbynnu'n fawr â'r priddoedd tenau, caregog, a geir mewn ardaloedd mynyddig. Y priddoedd mwyaf cyffredin yng Nghymru yw priddoedd brown a phriddoedd podsolig, sydd i'w cael hefyd dros lawer o weddill y Deyrnas Unedig.

Ar fynyddoedd uchel y ceir **priddoedd glei crai** gan mwyaf, lle mae haen denau o fawn yn gorchuddio'r creigiau caled. Mae priddoedd o'r fath yn asidig ac anffrwythlon.

Mae **priddoedd brown** yn ddwfn ac yn draenio'n rhwydd. Priddoedd iseldirol ydynt a nhw sy'n cynnal tir ffermio mwyaf cynhyrchiol Cymru.

Mae **priddoedd podsolig** yn llai ffrwythlon. Nhw yw sylfaen y ffriddoedd serth, dan orchudd o redyn, a'r gweundiroedd ar foelydd Uwchdiroedd Cymru.

Mae **priddoedd glei dŵr wyneb** isbridd yn gywasgedig ac anathraidd. O'r herwydd mae'r priddoedd hyn, sydd o dan laswelltiroedd yn bennaf, yn ddwrlawn yn ystod y gaeaf.

Ceir **priddoedd glei dŵr daear** ar safleoedd tir isel sydd â lefel trwythiad uchel sy'n gwneud iddynt lenwi â dŵr. Fe'u ceir gan mwyaf ar orlifdiroedd afonydd a fflatiau arfordirol.

Ar gopaon moelydd eang ac ar gyforgorsydd iseldiroedd fel Cors Caron y ceir **priddoedd mawn**. Mae priddoedd mawn yn werthfawr oherwydd yr ecosystemau gwlyptir y maent yn eu cynnal a'r carbon y maent yn ei storio.

18 Hinsawdd

Mae gan Gymru hinsawdd dymherus a phrin yw'r eithafion glawiad a thymheredd. Mae cyferbyniadau sylweddol yn yr hinsawdd rhwng gwahanol rannau o'r wlad.

Glawiad

Mae'r glawiad yn amrywio'n fawr ar draws Cymru. Mae ar ei uchaf yn y mynyddoedd, yn enwedig ar Fannau Brycheiniog, Pumlumon ac Eryri sy'n cael dros 3000 mm o law y flwyddyn. Gelwir hwn yn lawiad tirwedd. Mae'r glawiad yn isel dros wastadeddau arfordirol.

Mae dwyrain Cymru yn sychach, llai na 1000 mm o law yn flynyddol, gan ei fod yng nghysgod glaw mynyddoedd Cymru.

Mae'n llawer gwlypach ar hyd a lled Cymru rhwng mis Hydref a mis Ionawr na rhwng mis Chwefror a mis Medi.

Eira

Mae eira'n weddol anghyffredin ar hyd arfordir Cymru ond yn fwy cyffredin ar y bryniau. Mae'r nifer o ddiwrnodau pan fydd eirlaw neu eira'n disgyn yn amrywio o ryw 10 diwrnod yn y de-orllewin i dros 40 diwrnod yn Eryri.

Pan fydd eira trwm yn disgyn gellir cael lluwchfeydd helaeth mewn gwyntoedd cryfion.

Cafwyd un o'r stormydd eira gwaethaf yn ne Cymru ym mis Ionawr 1982, gyda lluwchfeydd ymhell dros fetr o ddyfnder mewn mannau, yn tarfu ar y cyflenwadau pŵer.

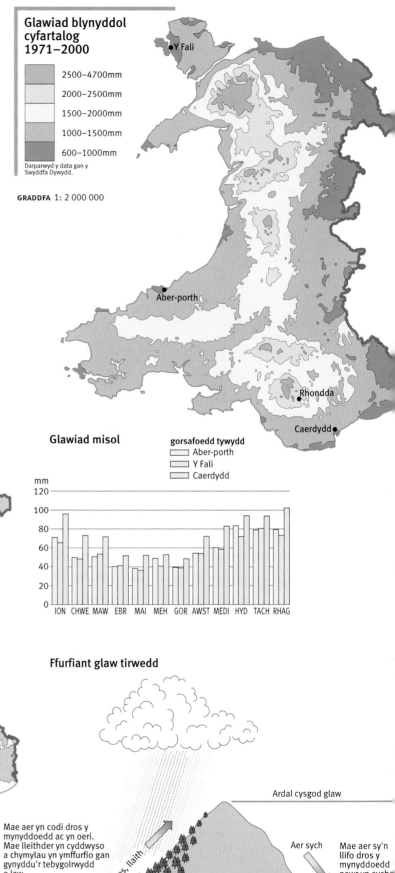

Glawiad blynyddol cyfartalog 1971–2000

	2500–4700mm
	2000–2500mm
	1500–2000mm
	1000–1500mm
	600–1000mm

Darparwyd y data gan y Swyddfa Dywydd.

GRADDFA 1: 2 000 000

Y Fali
Aber-porth
Rhondda
Caerdydd

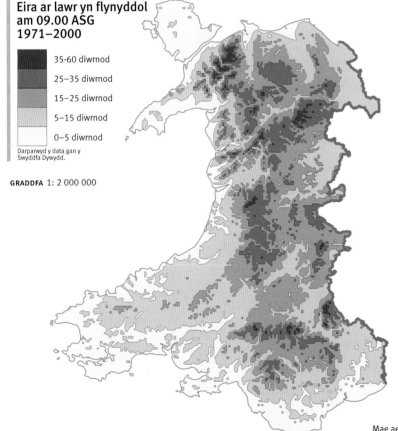

Eira ar lawr yn flynyddol am 09.00 ASG 1971–2000

	35-60 diwrnod
	25–35 diwrnod
	15–25 diwrnod
	5–15 diwrnod
	0–5 diwrnod

Darparwyd y data gan y Swyddfa Dywydd.

GRADDFA 1: 2 000 000

Glawiad misol

gorsafoedd tywydd
- Aber-porth
- Y Fali
- Caerdydd

mm (120 100 80 60 40 20 0)

ION CHWE MAW EBR MAI MEH GOR AWST MEDI HYD TACH RHAG

Ffurfiant glaw tirwedd

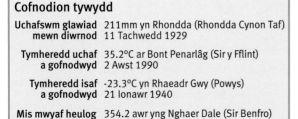

Ardal cysgod glaw

Mae aer yn codi dros y mynyddoedd ac yn oeri. Mae lleithder yn cyddwyso a chymylau yn ymffurfio gan gynyddu'r tebygolrwydd o law.

Aer sych

Mae aer sy'n llifo dros y mynyddoedd nawr yn sycha felly mae llai o law.

Aer cynnes, llaith

Daw'r prifwyntoedd â lleithder o'r môr.

Môr

Gorllewin

Dwyrain

Cofnodion tywydd

Uchafswm glawiad mewn diwrnod	211mm yn Rhondda (Rhondda Cynon Taf) 11 Tachwedd 1929
Tymheredd uchaf a gofnodwyd	35.2°C ar Bont Penarlâg (Sir y Fflint) 2 Awst 1990
Tymheredd isaf a gofnodwyd	-23.3°C yn Rhaeadr Gwy (Powys) 21 Ionawr 1940
Mis mwyaf heulog	354.2 awr yng Nghaer Dale (Sir Benfro) Gorffennaf 1955

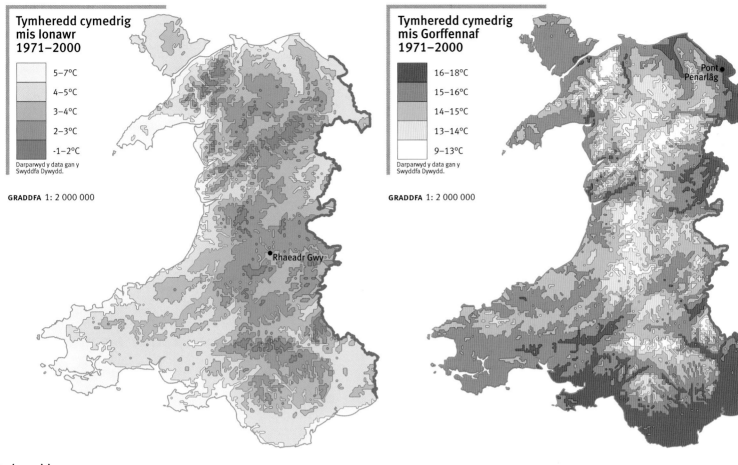

Tymheredd cymedrig mis Ionawr 1971–2000

- 5–7°C
- 4–5°C
- 3–4°C
- 2–3°C
- -1–2°C

Darparwyd y data gan y Swyddfa Dywydd.

GRADDFA 1: 2 000 000

Rhaeadr Gwy

Tymheredd cymedrig mis Gorffennaf 1971–2000

- 16–18°C
- 15–16°C
- 14–15°C
- 13–14°C
- 9–13°C

Darparwyd y data gan y Swyddfa Dywydd.

GRADDFA 1: 2 000 000

Pont Penarlâg

·mheredd

·ae'r patrymau tymheredd yn ·ngos newidiadau o'r gorllewin · dwyrain yn y gaeaf ac o'r de i'r ·gledd yn yr haf.

·nawr: mae gwahaniaeth ·nlwg mewn tymheredd rhwng ·daloedd arfordirol a mewndirol. ·ae'r arfordir yn llawer cynhesach ·'r mynyddoedd gan fod y ·mheredd yn is ar dir uwch. Mae'r ·ifwyntoedd de-orllewinol yn ·od ag aer cynhesach oddi ar Lif y ·wlff ac mae hyn yn cynhesu ·orllewin a de-orllewin Cymru.

·orffennaf: mae'r tymheredd ·chaf i'w gael ar hyd arfordir y de, · enwedig ar Benrhyn Gŵyr ac yn ·e-ddwyrain Cymru.

Heulwen

Mae Cymru'n tueddu i gael mwy o gymylau na Lloegr am ei bod yn fwy mynyddig.

Y lle mwyaf heulog yw arfordir de-orllewin Cymru lle mae 1700 o oriau o heulwen ar gyfartaledd bob blwyddyn. Mae hynny yr un fath â llawer o ardaloedd arfordirol yn ne Lloegr.

Y record am y mis mwyaf heulog yw 354.2 awr yng Nghaer Dale (Sir Benfro) ym mis Gorffennaf 1955.

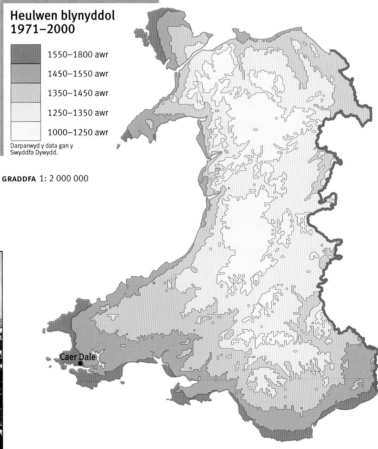

Heulwen blynyddol 1971–2000

- 1550–1800 awr
- 1450–1550 awr
- 1350–1450 awr
- 1250–1350 awr
- 1000–1250 awr

Darparwyd y data gan y Swyddfa Dywydd.

GRADDFA 1: 2 000 000

Caer Dale

Eira yn Harlech ac ar gopaon Eryri

Achosodd gwasgedd isel yn ne-orllewin y Deyrnas Unedig lawiad trwm iawn a stormydd dros Gymru.

Mesurodd Swyddfa Dywydd Caerdydd ei glawiad uchaf erioed mewn un diwrnod, 67.4 mm, rhwng 09.00 ar 3 Gorffennaf a 09.00 ar 4 Gorffennaf. Disgynnodd 50 mm o law mewn tair awr yn ystod oriau mân 4 Gorffennaf. Dim ond unwaith ym mhob 60 mlynedd y mae hyn yn debygol o ddigwydd.

gorsaf dywydd	glawiad mewn milimetrau 09.00 3 Gorffennaf– 09.00 4 Gorffennaf 2001
Betws-y-coed	104.7
Machynlleth	88.5
Parc Bute, Caerdydd	70.0
Swyddfa Dywydd Caerdydd	67.4
Orielton (Sir Benfro)	63.4
Arthog	62.2

Arddwysedd glawiad

Mae'r ddelwedd radar hon yn dangos arddwysedd y glaw am 09.00 ar 4 Gorffennaf 2001

arddwysedd glawiad mewn milimetrau yr awr

- dros 32mm
- 16–32mm
- 8–16mm
- 4–8mm
- 2–4mm
- 1–2mm
- 0–1mm
- dim gwybodaeth radar

Darparwyd y data gan y Swyddfa Dywydd.

GRADDFA 1: 2 000 000

Mellt yn taro 3/4 Gorffennaf 2001

Mae'r map hwn yn dangos yr achosion a gofnodwyd o fellt yn taro dros Gymru yn ystod 3/4 Gorffennaf. Tarodd mellt 8500 o weithiau yn yr ardal yn y cyfnod o 48 awr.

Darparwyd y data gan y Swyddfa Dywydd.

GRADDFA 1: 2 000 000

Glawiad

09.00 3 Gorffennaf– 09.00 4 Gorffennaf 2001

- – – – 75mm
- ——— 50mm
- – · – · 25mm

Darparwyd y data gan y Swyddfa Dywydd.

GRADDFA 1: 2 000 000

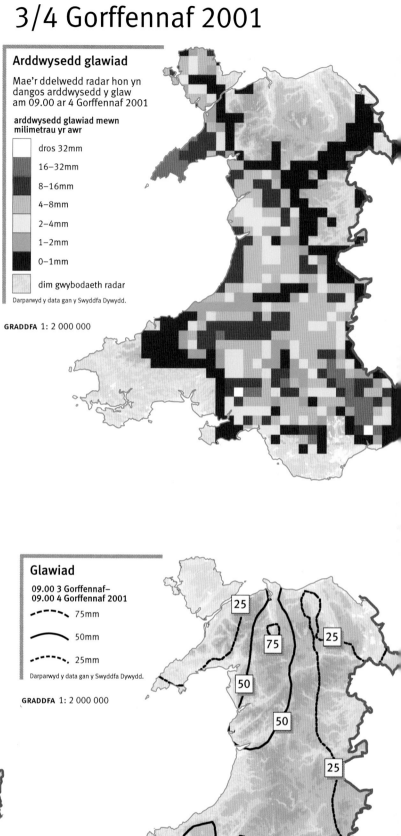

Mae afonydd yn rhan hollbwysig o dirwedd Cymru.
Maent yn darparu dŵr i gartrefi a busnesau yn
gystal â chyfleoedd o ran hamdden a thwristiaeth.

Hydrograffau

- uchafbwynt y llif cymedrig dyddiol (m³/eiliad)
- llif cymedrig dyddiol, 2004 (m³/eiliad)
- isafbwynt y llif cymedrig dyddiol (m³/eiliad)
- ● gorsaf fedryddu

Darparwyd yr hydrograffau gan y Ganolfan Ecoleg a Hydroleg,
Wallingford – yr Archif Genedlaethol Llifoedd Afonydd.

RADDFA 1: 1 000 000

10   20   30km

Afon Conwy
Uchafbwynt ac isafbwynt, llifoedd cymedrig dyddiol 1964–2005 heb
gynnwys y flwyddyn y manylir arni (2004: llif cymedrig 22.30m³/eiliad)

Ion Chwe Maw Ebr Mai Meh Gorff Awst Medi Hyd Tach Rhag

Afon Clywedog
Uchafbwynt ac isafbwynt, llifoedd cymedrig dyddiol 1976–2005 heb
gynnwys y flwyddyn y manylir arni (2004: llif cymedrig 1.19m³/eiliad)

Ion Chwe Maw Ebr Mai Meh Gorff Awst Medi Hyd Tach Rhag

Afon Hafren
Uchafbwynt ac isafbwynt, llifoedd cymedrig
dyddiol 1953–2005 heb gynnwys y flwyddyn y
manylir arni (2004: llif cymedrig 0.597m³/eiliad)

Ion Chwe Maw Ebr Mai Meh Gorff Awst Medi Hyd Tach Rhag

Afon Teifi
Uchafbwynt ac isafbwynt, llifoedd cymedrig dyddiol 1959–2005 heb
gynnwys y flwyddyn y manylir arni (2004: llif cymedrig 32.50m³/eiliad)

Ion Chwe Maw Ebr Mai Meh Gorff Awst Medi Hyd Tach Rhag

Afon Cynon
Uchafbwynt ac isafbwynt, llifoedd cymedrig dyddiol 1957–2005 heb
gynnwys y flwyddyn y manylir arni (2004: llif cymedrig 4.63m³/eiliad)

Ion Chwe Maw Ebr Mai Meh Gorff Awst Medi Hyd Tach Rhag

Afon Gwy
Uchafbwynt ac isafbwynt, llifoedd cymedrig dyddiol 1936–2005 heb
gynnwys y flwyddyn y manylir arni (2004: llif cymedrig 74.00m³/eiliad)

Ion Chwe Maw Ebr Mai Meh Gorff Awst Medi Hyd Tach Rhag

Map labels:
Llyn Alaw
Conwy
Clywd
Dyfrdwy
Afon Conwy
Llyn Brenig
Cronfa Ddŵr Alwen
Afon Clywedog
Alwen
Dyfrdwy
Llyn Celyn
Ceiriog
Llyn Trawsfynydd
Llyn Tegid
Tanat
Wnion
Llyn Efyrnwy
Efyrnwy
Dyfi
Hafren
Cronfa Ddŵr Nant-y-moch
Llyn Clywedog
Afon Hafren
Rheidol
Ieithon
Ystwyth
Cronfa Ddŵr Craig Goch
Llugwy
Aeron
Cronfa Ddŵr Claerwen
Cronfa Ddŵr Caban- Coch
Teifi
Cronfa Ddŵr Llyn Brianne
Irfon
Afon Teifi
Gwy
Cothi
Cynin
Cronfa Ddŵr Wysg
Tywi
Wysg
Ffrwdu
Taf
Llwchwr
Cronfa Ddŵr Tal-y-bont
Afon Gwy
Tawe
Nedd
Cynon
Rhymni
Sirhywi
Wysg
Cronfa Ddŵr Llandegfedd
Afon Cynon
Ebwy
Taf
Elái

Oxford University Press   © Gwasg Prifysgol Rhydychen   Tafluniad Mercator Ardraws

Ardaloedd lle mae perygl llifogydd

Parth Llifogydd 3 – siawns 1 mewn 100 o lifogydd o afonydd, neu 1 mewn 200 o lifogydd o'r môr, mewn unrhyw flwyddyn

Parth Llifogydd 2 – siawns 1 mewn 1000 o lifogydd mewn unrhyw flwyddyn

Ffynhonnell: Asiantaeth yr Amgylchedd Cymru
Hawlfraint © Asiantaeth yr Amgylchedd

GRADDFA 1: 1 000 000

0   10   20   30km

Mae hanner miliwn o bobl yn byw ac yn gweithio mewn ardaloedd lle mae perygl llifogydd yng Nghymru. Gallai llifogydd effeithio ar gartrefi, busnesau, llwybrau trafnidiaeth a thir ffermio.

Mae cynhesu byd-eang yn debygol o esgor ar dywydd mwy eithafol yng Nghymru. Mae'n bosibl y bydd hyn yn golygu y bydd llifogydd yn ddigwyddiadau mwy cyson mewn rhai dyffrynnoedd ac ardaloedd arfordirol. Wrth i lefel y môr godi bydd cynnydd yn y perygl o lifogydd yn yr ardaloedd tir isel hynny o gwmpas yr arfordir. Mae'r map yn dangos y lleoedd hynny lle mae perygl o lifogydd unwaith ym mhob 100 mlynedd ac unwaith ym mhob 1000 o flynyddoedd. Mae'r perygl hwn yn effeithio ar benderfyniadau ynglŷn ag amddiffynfeydd llifogydd a chostau yswiriant.

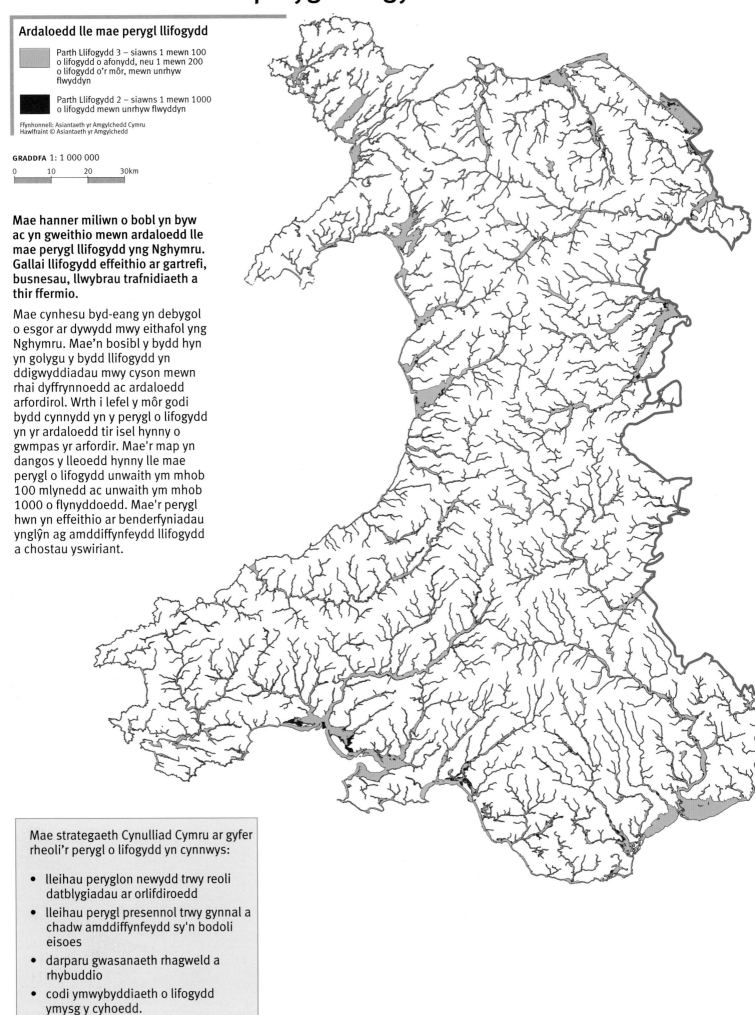

Mae strategaeth Cynulliad Cymru ar gyfer rheoli'r perygl o lifogydd yn cynnwys:

- lleihau peryglon newydd trwy reoli datblygiadau ar orlifdiroedd
- lleihau perygl presennol trwy gynnal a chadw amddiffynfeydd sy'n bodoli eisoes
- darparu gwasanaeth rhagweld a rhybuddio
- codi ymwybyddiaeth o lifogydd ymysg y cyhoedd.

Llifogydd yn Llanrwst yn Nyffryn Conwy, Chwefror 2004

O bryd i'w gilydd ceir tywydd garw yng Nghymru. Rhwng 3 a 7 Chwefror 2004 syrthiodd bron i lawiad mis cyfan, 80 mm, dros Ddyffryn Conwy yng ngogledd Cymru. Roedd y ddaear eisoes yn llawn dŵr o ganlyniad i'r glaw a'r eira trwm cyn hynny, ac achosodd y storm y llifogydd gwaethaf am 20 mlynedd wrth i Afon Conwy orlifo'r gorlifdir.

Difrod llifogydd

Roedd 385 km^2 o dir o dan ddŵr ac achoswyd difrod difrifol i'r rheilffordd. Gorchuddiwyd tir fferm â cherrig a balast o argloddiau'r rheilffordd oedd wedi dymchwel; cafodd adeiladau a waliau eu bwrw i lawr gan y cerhyntau cryfion. Achoswyd cannoedd o filoedd o bunnau o ddifrod.

Untrac yw'r rheilffordd sy'n dilyn Dyffryn Conwy rhwng Blaenau Ffestiniog a Chyffordd Llandudno ac yn gwasanaethu pobl leol a thwristiaid. Yng nghyffiniau Llanrwst, lle mae'r dyffryn yn culhau, cafodd yr arglawdd o dan drac y rheilffordd ei sgubo ymaith gan rym y dŵr. Defnyddiwyd cleiau llifwaddodol lleol, calchfaen o chwarel Llanddulas a gwenithfaen o Benmaenmawr i wneud y gwaith atgyweirio.

Cafwyd llifogydd yn yr un rhan o Ddyffryn Conwy eto ym mis Ionawr 2005. Cafodd yr amddiffynfeydd rhag llifogydd a atgyweiriwyd yn 2004 eu bylchu a'u boddi eto gan y llifddwr.

Amddiffynfeydd rhag llifogydd

Mae Asiantaeth yr Amgylchedd Cymru'n rhoi rhybuddion llifogydd i drigolion pentrefi ac eiddo lle bynnag y mae hynny'n bosibl.

Mae'r Cynulliad Cenedlaethol yn ystyried atebion tymor hir i liniaru'r llifogydd yn Llanrwst a Threfriw ac mae'n darparu cyllid i Asiantaeth yr Amgylchedd Cymru i wella'r amddiffynfeydd.

Mae'r cynigion i wella'r amddiffynfeydd yn cynnwys:
• codi uchder yr argloddiau presennol
• creu argloddiau newydd
• gwella'r cynllun rhybuddio am lifogydd
• defnyddio tir fferm i gronni llifddwr.

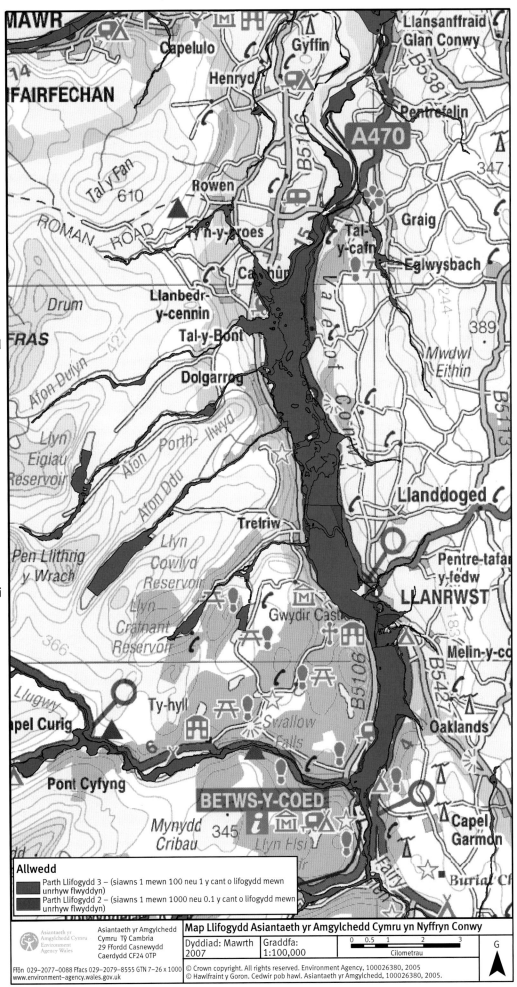

Allwedd

Parth Llifogydd 3 – (siawns 1 mewn 100 neu 1 y cant o lifogydd mewn unrhyw flwyddyn)

Parth Llifogydd 2 – (siawns 1 mewn 1000 neu 0.1 y cant o lifogydd mewn unrhyw flwyddyn)

Asiantaeth yr Amgylchedd Cymru Tŷ Cambria
29 Ffordd Casnewydd
Caerdydd CF24 0TP
Ffôn 029–2077–0088 Ffacs 029–2079–8555 GTN 7–26 x 1000
www.environment–agency.wales.gov.uk

Map Llifogydd Asiantaeth yr Amgylchedd Cymru yn Nyffryn Conwy

| Dyddiad: Mawrth 2007 | Graddfa: 1:100,000 | 0   0.5   1   2   3 Cilometrau | G |

Mae gan Gymru forlin o bron i 300 cilometr sy'n cynnig amrywiaeth cyfoethog o dirweddau.

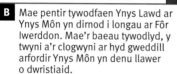

C Adeiladwyd porthladd Caergybi o amgylch harbwr naturiol ar arfordir gogleddol Ynys Môn. Mae'n ganolfan bwysig ar gyfer cludiant, yn cysylltu Iwerddon â Chymru, y DU ac Ewrop.

A Tywod drifft y glannau o'r de sy'n ffurfio system dwyni a Gwarchodfa Natur Genedlaethol Ynys-las. Mae'r tywod yn creu tafod sy'n crymu ar i mewn i foryd Afon Dyfi. Mae twyni tywod helaeth ar dir isel fel hwn yn ymffurfio mewn mannau eraill ar lannau Bae Ceredigion.

B Mae pentir tywodfaen Ynys Lawd ar Ynys Môn yn dirnod i longau ar Fôr Iwerddon. Mae'r baeau tywodlyd, y twyni a'r clogwyni ar hyd gweddill arfordir Ynys Môn yn denu llawer o dwristiaid.

CH Aberystwyth yw'r ganolfan bwysicaf ar arfordir y gorllewin, yn edrych dros Fae Ceredigion. Mae'n dref prifysgol ac yn ganolfan i dwristiaid wrth aber afonydd Ystwyth a Rheidol.

DD Cafodd aber Afon Mawddach ei greu pan gododd lefel y môr ar ddiwedd yr Oes Iâ a boddi'r dyffryn rhewlifol. Bydd lefelau môr uwch yn effeithio ymhellach ar yr ardal hon.

D Mae arfordir Sir Benfro wedi'i greu o greigiau Cyn-Gambriaidd, Cambriaidd, Ordofigaidd, Silwraidd, Defonaidd a Charbonifferaidd ac mae creigiau folcanig gwydn yn ffurfio sawl pentir ac ynys. Mae Pen-caer yn nodweddiadol o'r clogwyni dramatig a'r morlin sydd heb ei ddifetha.

Mae'r diwydiant twristiaeth o amgylch yr arfordir yn hollbwysig i fywoliaeth llawer o anedddiadau ar y glannau.

Mae prosesau naturiol a phwysau gan ddyn yn effeithio ar yr arfordir. Mae llawer o'r arfordir wedi ei warchod yn amgylcheddol ac mae amryw o gynlluniau rheoli'r arfordir wedi cael eu sefydlu.

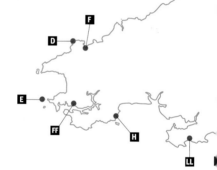

E Mae Ynys Skomer yn un o ddwy ynys folcanig oddi ar arfordir Sir Benfro.

F Mae Abergwaun wedi'i leoli mewn cilfach gysgodol sy'n borthladd delfrydol i longau fferi a chargo. Mae'n cysylltu yn bennaf â Rosslare yn Iwerddon.

FF Ffurfiwyd Aberdaugleddau ar ddiwedd yr Oes Iâ pan gododd lefel y môr a boddi dyffryn Afon Cleddau. Mae'n harbwr cysgodol i danceri olew ac roedd y llwyfandir arfordirol isel yn ddelfrydol ar gyfer datblygu purfeydd olew.

Ffurfiwyd traethau tywodlyd Prestatyn gan dywod drifft y glannau yn symud o'r gorllewin tua'r dwyrain ar hyd yr arfordir.

Mae argorau (grwynau) cerrig yn help i arafu symudiadau'r tywod a diogelu'r traeth ar gyfer y diwydiant twristiaeth.

NG Mae moryd Afon Dyfrdwy yn edrych tua'r gogledd at Loegr, penrhyn Cilgwri a Glannau Mersi. Mae'r fflatiau llaid yn hafan i fywyd gwyllt.

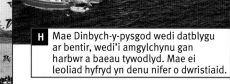

H Mae Dinbych-y-pysgod wedi datblygu ar bentir, wedi'i amgylchynu gan harbwr a baeau tywodlyd. Mae ei leoliad hyfryd yn denu nifer o dwristiaid.

I Mae Pen Llŷn yn enwog am ei hinsawdd fwyn a'i draethau tywodlyd llydan. Mae dyfroedd ymdrochi glân, diogel yn gwneud Aber-soch yn ganolfan chwaraeon dŵr boblogaidd.

L Mae Port Talbot wedi bod yn ganolfan i'r diwydiant haearn a dur. Adeiladwyd y gwaith dur ar wastadedd arfordirol, cul, lle mae uwchdiroedd de Cymru yn cwrdd â Môr Hafren.

LL Mae gan Benrhyn Gŵyr draethau a chlogwyni dramatig sy'n ffurfio Arfordir Treftadaeth. Mae wedi'i ddynodi'n Ardal o Harddwch Naturiol Eithriadol (AHNE) ac mae yma hefyd sawl Ardal Cadwraeth Arbennig.

Rheoli'r morlin

Mae twyni tywod mewn sawl man ar hyd arfordir Cymru. Ecosystemau symudol yw twyni tywod sy'n cael eu creu wrth i dywod gael ei chwythu tua'r tir o'r môr. Maent yn fregus iawn os dônt dan ddylanwad gweithgareddau dynol, yn enwedig gweithgareddau hamdden.

Mae gan lawer o dwyni, e.e. Ynys-las, statws cadwraeth a strategaethau rheoli cyfredol i sefydlogi'r twyni. Mae gwastadeddau isel eraill yn tueddu i ddioddef llifogydd ac mae angen eu rheoli i leihau'r risg o erydu, ac i amddiffyn pobl a gweithgareddau economaidd.

M Mae Bae Caerdydd, yng ngenau aber Afon Taf, wedi cael ei ddiogelu â morglawdd. Mae hwn yn ffocws deniadol i ddatblygiad y dociau a'r marina newydd.

26 Ansawdd dŵr o amgylch Cymru

Mae llawer o draethau ar hyd arfordir Cymru yn cael eu monitro'n rheolaidd.

Yn 2006, rhestrwyd 81 o draethau fel rhai oedd yn cyrraedd y safonau dŵr ymdrochi glân a bennwyd gan y Gymuned Ewropeaidd, ar sail profion a gyflawnwyd yn 2005. Cafodd 107 o draethau ychwanegol eu monitro gan Awdurdodau Lleol, i'r un safonau Ewropeaidd.

Gall ansawdd dŵr newid yn gyflym ar yr arfordir, gan ddibynnu ar amodau amgylcheddol. O ganlyniad, caiff ansawdd y dŵr ei brofi o leiaf 20 gwaith rhwng 15 Mai a 30 Medi.

Dyfroedd ymdrochi a nodwyd gan y Gymuned Ewropeaidd 2005

Caiff y traethau hyn eu dethol gan Lywodraeth Cynulliad Cymru a'u monitro gan Asiantaeth yr Amgylchedd. Mae'r canlyniadau o'r traethau hyn wedi cael eu cymeradwyo gan gyfarwyddeb y Gymuned Ewropeaidd.

- ● **Llwyddo yn ôl Safonau Gorchmynnol** cyrhaeddwyd safonau uchaf dŵr glân (mae'r safonau hyn yn anoddach i'w cyrraedd a dyma'r safonau sy'n ofynnol ar gyfer Gwobr Baner Las).

- ● **Llwyddo yn ôl y Safonau Canllaw** cyrhaeddwyd safonau gofynnol dŵr glân.

Ffynhonnell: Adroddiad Dyfroedd Ymdrochi Cymru 2005, Asiantaeth Amgylchedd Cymru.

GRADDFA 1: 1 300 000

Mae'r canlyniadau yn sgil profi dyfroedd arfordirol yn gallu amrywio bob blwyddyn o ganlyniad i amryw o amgylchiadau amgylcheddol. Er enghraifft:

- gall glawiad uchel, llif mawr mewn afonydd a stormydd olchi bacteria a gwaddodion i'r môr
- gall cemegau amaethyddol gronni ar adegau o lawiad isel a phrinder dŵr mewn afonydd
- gall problemau carthion yn lleol effeithio ar ddyfroedd arfordirol.

Mae'r mapiau hyn yn dangos fel y gall ansawdd dŵr newid dros bellter byr iawn. Er enghraifft, ar hyd Penrhyn Gŵyr ac arfordir Sir Benfro lle mae llawer o faeau a phentiroedd, ceir nifer o newidiadau yn ansawdd y dŵr.

Mae'r Gymuned Ewropeaidd yn cydnabod y bydd rhai traethau yn newid eu dynodiad – llwyddo neu fethu – oherwydd newidiadau bach iawn yn ansawdd y dŵr. Mae patrwm ansawdd y dŵr dros gyfnod o 5 mlynedd yn ddangosydd pwysicach.

Dyfroedd ymdrochi a nodir gan y Gymuned Ewropeaidd sydd â dŵr o'r ansawdd uchaf 1990-2005.

Mae'r graff hwn yn dangos y cynnydd yn y nifer o draethau yng Nghymru sydd wedi cyrraedd canllawiau'r Gymuned Ewropeaidd

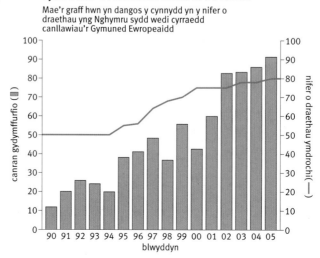

— cyfanswm y dyfroedd ymdrochi sydd wedi'u nodi gan y Gymuned Ewropeaidd

▨ % o'r dyfroedd ymdrochi sydd wedi'u nodi gan y Gymuned Ewropeaidd sydd â dŵr o'r ansawdd uchaf

Dyfroedd ymdrochi nad ydynt wedi'u nodi gan y Gymuned Ewropeaidd 2005

Mae'r traethau hyn wedi cael eu monitro gan yr Awdurdodau Lleol i'r un safonau â'r Gymuned Ewropeaidd. Fodd bynnag, nid yw'r canlyniadau o'r traethau hyn yn rhan o gyfarwyddeb y Gymuned Ewropeaidd.

- ⦾ **Llwyddo yn ôl y Safonau Gorchmynnol** cyrhaeddwyd safonau uchaf dŵr glân (mae'r safonau hyn yn anoddach i'w cyrraedd a dyma'r safonau sy'n ofynnol ar gyfer Gwobr Baner Las).

- ◒ **Llwyddo yn ôl y Safonau Canllaw** cyrhaeddwyd safonau gofynnol dŵr glân.

- ● **Methu**

Ffynhonnell: Adroddiad Dyfroedd Ymdrochi Cymru 2005, Asiantaeth yr Amgylchedd Cymru.

GRADDFA 1: 1 300 000

Porth Eilian, Amlwch
Traeth Bach
Cemlyn
Moelfre
Y Traeth Coch
Traeth Lleiniog, Penmon
Splash Point
Ffrith, Prestatyn
Traeth Barkby
Twyni Gronant
Y Parlwr Du, Talacre
Bae Penrhyn
Deganwy
Porth Trwyn Mawr
Porth Trwyn
Morfa Conwy
Marine Lake, Y Rhyl
Traeth Crigyll
Porth Tyn, Llanfaelog
Porth Nobla
Porth Trecastell
Llanfairfechan
Biwmares
Y Felinheli
Plas Menai
Towyn
Abergele (Pen-sarn)
Llandulas
Hen Golwyn
Marine Road, Bae Colwyn
Porth Nefyn
Cricieth–Pen Gorllewinol
Carreg Wen
Promenâd Cayley
Bae Colwyn
Aber-erch
Llanbedrog–Gogledd
Llanbedrog
Porth Neigwl
Aberdaron
Ynys-las (Twyni bach–Y Foryd)
Ynys-las (Y Grwyn Gogleddol)
Llanrhystyd
Llansanffraid
Llan-non
Aber-arth
Aberaeron–Gogledd (i'r gogledd o'r grwynau)
Harbwr Aberaeron (y pedwerydd grwyn tua'r gogledd)
Aberaeron–De (Y Grwyn Gogleddol)
Gilfach yr Halen
Ceinewydd, Traeth y Gogledd
Cwmtydu
Cil Borth
Penbryn
Cei bach
Cwm yr Eglwys
Pwllgwaelod
Harbwr Wdig–De
Traeth Wdig
Abermawr
Abercastell
Pwll glas Abereiddi
Abereiddi
Llanina
Mwnt
Patch
Porth Selau
Llansteffan a Moryd Tywi
Traeth Glanyferi
Nolton Haven
Druidston Haven
Little Haven
St. Brides Haven
Martin's Haven
Westdale
Watwick
Sandy Haven
Gelliswick, Aberdaugleddau
Freshwater West
Morfa Bychan (Pentywyn)
Wisemans Bridge
Traeth Glen
Traeth Monkstone
(ger Dinbych-y-pysgod)
Bae Swanlake
Penalun
Priory Bay, Ynys Bŷr
Bae Waterwynch
Bae Brychdwn
Rhosili
Mewslade–Dwyrain
Torbay/Crawley Woods
Pwll Du
Y Mwmbwls–Knab Rock
Llanismel (Cydweli)
Porth Tywyn
Llanelli a Moryd Llwchwr
Bae Abertawe–Black Pill
Bae Abertawe–Neuadd y Sir
Jersey Marine–Gorllewin
Aberafan–Dwyrain
Bae Newton, Porth-cawl
Ogwr–Canol
Llanilltud Fawr
Bae Limpert, Aberddawan
Watch House Bay, Y Barri
Bae Fontygary, Y Rhws
Clwb Hwylio Penarth

Cynllun y Faner Las

- ● Traethau Baner Las yn 2005

Mae'n rhaid i Awdurdodau Lleol wneud cais am Wobr Baner Las Ewrop. Mae'n rhaid i draethau fodloni gofynion llym o ran ansawdd y dŵr a gofynion ar y tir er mwyn cael Baner Las.

Roedd 38 o draethau Baner Las yng Nghymru yn 2005, tri yn fwy nag yn 2004.

Ffynhonnell: Adroddiad Dyfroedd Ymdrochi Cymru 2005, Asiantaeth yr Amgylchedd Cymru.

GRADDFA 1: 3 000 000

Traeth Aber-soch

28 Coetiroedd

Mae coedwigoedd a choetiroedd yn rhan bwysig o dirwedd ac economi Cymru.

Mae 287 000 o hectarau o goetir sydd yn 13.8% o gyfanswm yr arwynebedd tir.

Coetiroedd conwydd yw'r prif fath o goedwig, sy'n bennaf o dan orchudd o byrwydd Sitca. Derw yw'r rhywogaeth fwyaf cyffredin o goed llydanddail.

Coetiroedd

Dosbarthiad coetiroedd yn ôl y math deongledig o goedwig

- conwydd
- llydanddail
- cymysg
- coed ifanc a llwyni
- tir wedi'i baratoi yn barod ar gyfer plannu
- coed wedi'u cwympo

Deilliwyd o ddeunydd yr Arolwg Ordnans gyda chaniatâd yr Arolwg Ordnans ar ran Llyfrfa Ei Mawrhydi.
© Hawlfraint y Goron

Deunydd deilliadol a gynhyrchwyd gan y Comisiwn Coedwigaeth gyda chaniatâd yr Arolwg Ordnans.

GRADDFA 1: 1 000 000

0   10   20   30km

Arwynebedd coetiroedd fesul sir 1997*

	arwynebedd mewn hectarau	canran gorchudd
Gwynedd	48 615	12.6
Clwyd	24 270	10.0
Dyfed	77 816	13.5
Powys	75 082	14.8
Morgannwg	41 963	18.6
Gwent	19 022	13.8
Cymru	286 768	13.8

* Ardaloedd wedi eu seilio ar ffiniau digidol a ddefnyddiwyd yng Nghyfrifiad Poblogaeth 1991

Mathau o goetiroedd yng Nghymru 1997

- conwydd 47.9%
- llydanddail 37.3%
- cymysg 7.7%
- llennyrch mewn coetiroedd 3.8%
- arall 3.3%

0   10   20   30   40   50

canran o'r cyfanswm coetiroedd

Tafluniad Mercator Ardraws   © Gwasg Prifysgol Rhydychen   © Oxford University Press

Dosbarthiad coetiroedd dros ddau hectar yn ôl perchenogaeth 1997

Y Comisiwn Coedwigaeth

perchenogaeth arall

Deilliwyd o ddeunydd yr Arolwg Ordnans gyda chaniatâd yr Arolwg Ordnans ar ran Llyfrfa Ei Mawrhydi.
© Hawlfraint y Goron
Deunydd deilliadol a gynhyrchwyd gan y Comisiwn Coedwigaeth gyda chaniatâd yr Arolwg Ordnans.

RADDFA 1: 2 000 000

Pwy sy'n berchen ar goetiroedd yng Nghymru?

• Y Comisiwn Coedwigaeth

• Preifat, yn eiddo i deuluoedd
• Busnesau coed preifat
• Cwmnïau preifat, cronfeydd pensiwn
• Awdurdodau Lleol
• Cyrff cyhoeddus eraill: asiantaethau llywodraeth, diwydiannau gwladoledig
• Mudiadau elusennol: Yr Ymddiriedolaeth Genedlaethol, colegau, eglwysi
• Perchenogaeth gymunedol a thir comin.

Perchenogaeth coetiroedd yng Nghymru

conwydd

llanddail

cymysg

arall

mannau agored

0   20   40   60   80   100

000 hectar

Y Comisiwn Coedwigaeth

perchenogaeth arall

Strategaeth Coetiroedd i Gymru

'Mae coed a choetiroedd yn elfennau amlwg yn ein tirweddau ac yn hanfodol ar gyfer bywyd gwyllt. Os cânt eu rheoli'n iawn, gallant ddarparu ar gyfer yr amgylchedd a chyfoethogi ansawdd bywydau pobl wrth i fynediad atynt wella ac wrth i gyfleoedd ar gyfer gweithgareddau hamdden i'r cyhoedd ehangu. Ar yr un pryd gallant wneud cyfraniad pwysig i'r economi wledig yn ogystal â darparu swyddi.

Gall coetir fod yn hafan ar gyfer mwynhad tawel neu gall gynnig cyfle i gymryd rhan mewn chwaraeon swnllyd. Maent yn lleoedd i wylio bywyd gwyllt neu i wneud dim ond ymlacio a mwynhau'r awyr iach. Ar yr un pryd, mae'r coed yn darparu pren – adnodd adnewyddadwy sydd yn cyfrannu tua £400 miliwn i economi Cymru bob blwyddyn.'

Y Gweinidog dros Faterion Gwledig

Newidiadau yn y gorchudd coetir rhwng 1895 a 1997

canran gorchudd coetir

dros 18%

16–17.9%

14–15.9%

12–13.9%

10–11.9%

8–10.9%

6–7.9%

4–5.9%

2–3.9%

0–1.9%

1895

1947

1997

Deilliwyd o ddeunydd yr Arolwg Ordnans gyda chaniatâd yr Arolwg Ordnans ar ran Llyfrfa Ei Mawrhydi.
© Hawlfraint y Goron

Deunydd deilliadol a gynhyrchwyd gan y Comisiwn Coedwigaeth gyda chaniatâd yr Arolwg Ordnans.

RADDFA 1: 3 000 000

Oxford University Press   © Gwasg Prifysgol Rhydychen   Tafluniad Mercator Ardraws

30 Amaethyddiaeth

Rhoddir ystadegau amaethyddol am Awdurdodau Lleol, neu fesul grwpiau o awdurdodau:

- Mae gogledd-orllewin Cymru yn cynnwys Gwynedd ac Ynys Môn
- Mae gogledd-ddwyrain Cymru yn cynnwys Conwy, Sir Ddinbych, Sir y Fflint a Wrecsam
- Mae de Cymru yn cynnwys Awdurdodau Lleol Abertawe, Castell-nedd Port Talbot, Pen-y-bont ar Ogwr, Bro Morgannwg, Caerdydd, Rhondda Cynon Taf, Merthyr Tudful, Caerffili, Blaenau Gwent, Torfaen, Sir Fynwy a Chasnewydd

Dosbarthiad tir amaethyddol

- gradd 1 (safon uchaf)
- gradd 2
- gradd 3
- gradd 4
- gradd 5
- anamaethyddol
- trefol

Ffynhonnell: Gwasanaethau Gwybodaeth Ddaearyddol, Llywodraeth Cynulliad Cymru
© Hawlfraint y Goron. Cedwir pob hawl. Rhif y drwydded 100000249

GRADDFA 1: 1 300 000

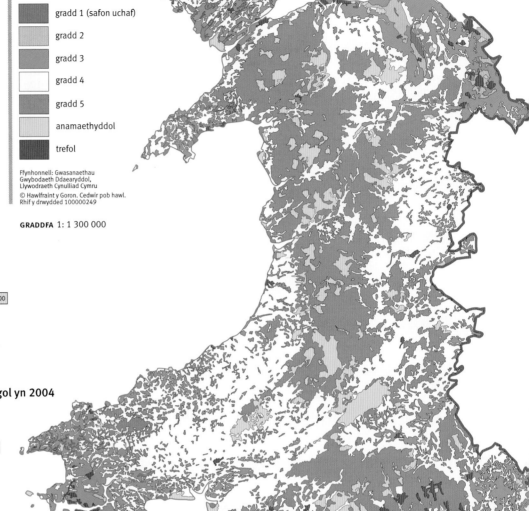

Ffermydd âr yn 2004
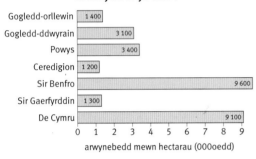

Ffermydd gwartheg eidion arbenigol yn 2004
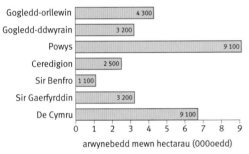

Ffermydd defaid arbenigol yn 2004

Ffermydd llaeth yn 2004
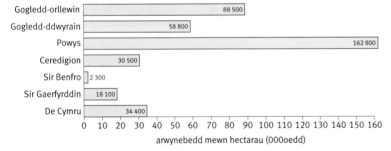

Ffermydd cymysg yn 2004
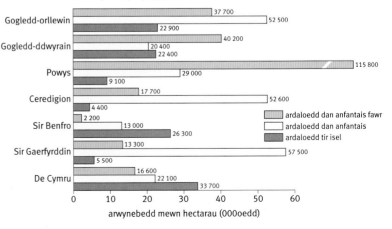

Tafluniad Mercator Ardraws   © Gwasg Prifysgol Rhydychen   © Oxford University Pre

Mae'r mapiau hyn o weithgareddau amaethyddol yn defnyddio data o 235 o grwpiau Ardaloedd Bach. Mae pob un o'r Ardaloedd Bach yn cynnwys 100–200 o ffermydd ac maent wedi eu seilio ar grwpiau o gymunedau o fewn yr Awdurdodau Lleol.

Cyfanswm defaid 2005

- dros 60 000
- 45 000–60 000
- 30 000–45 000
- 15 000–30 000
- 0–15 000

Ffynhonnell: Ystadegau Ardaloedd Bach Amaethyddol 2006 o Gyfrifiad Amaethyddol Cymru

© Hawlfraint y Goron. Cedwir pob hawl. Rhif y drwydded 100000249

GRADDFA 1: 2 000 000

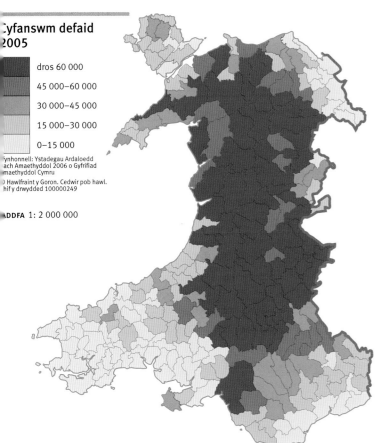

Cyfanswm gwartheg eidion 2005

- dros 2000
- 1500–2000
- 1000–1500
- 500–1000
- 0–500

Ffynhonnell: Ystadegau Ardaloedd Bach Amaethyddol 2006 o Gyfrifiad Amaethyddol Cymru

© Hawlfraint y Goron. Cedwir pob hawl. Rhif y drwydded 100000249

GRADDFA 1: 2 000 000

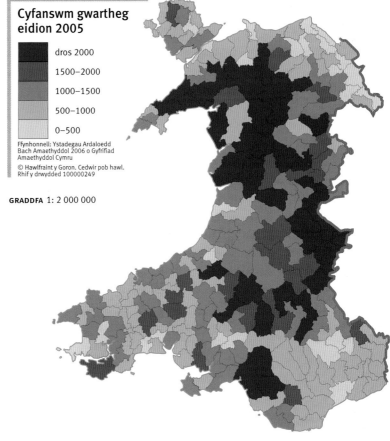

Cyfanswm cnydau grawnfwyd 2005

- dros 500 hectar
- 200–500
- 100–200
- 50–100
- 0–50
- dim data ar gael

Ffynhonnell: Ystadegau Ardaloedd Bach Amaethyddol 2006 o Gyfrifiad Amaethyddol Cymru

© Hawlfraint y Goron. Cedwir pob hawl. Rhif y drwydded 100000249

GRADDFA 1: 2 000 000

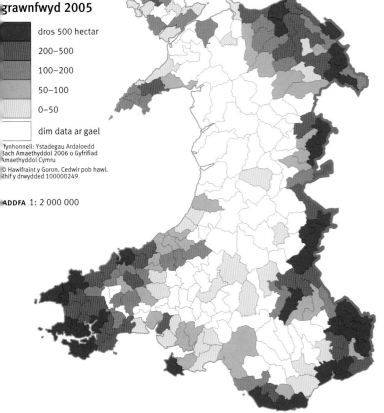

Cyfanswm gwartheg llaeth 2005

- dros 3000
- 2000–3000
- 1000–2000
- 500–1000
- 0–500
- dim data ar gael
- ★ cynhyrchydd caws

Ffynhonnell: Ystadegau Ardaloedd Bach Amaethyddol 2006 o Gyfrifiad Amaethyddol Cymru a Gwasanaethau Gwybodaeth Ddaearyddol, Llywodraeth Cynulliad Cymru

© Hawlfraint y Goron. Cedwir pob hawl. Rhif y drwydded 100000249

GRADDFA 1: 2 000 000

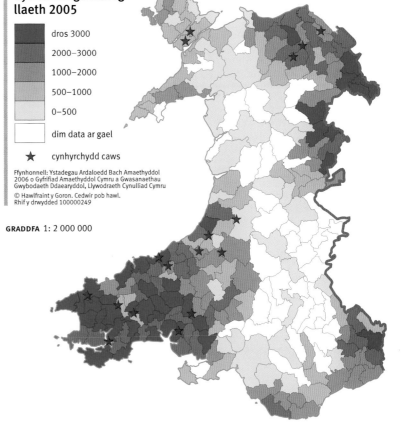

Cynllun amaeth-amgylcheddol fferm gyfan yw Tir Gofal. Mae'n annog gweithgareddau ffermio a fydd yn diogelu tirluniau Cymru ac yn gwella eu nodweddion diwylliannol a bywyd gwyllt.

Mae'n annog ffermwyr i ddarparu cyfleoedd i bobl ymweld â chefn gwlad.

Yn 2005 roedd 1600 o ffermwyr yn cefnogi'r cynllun, yn cwmpasu 160 000 hectar o dir ffermio.

Ardaloedd Llai Ffafriol

- dan anfantais fawr
- dan anfantais
- tir ffermio o ansawdd da

Ardaloedd Llai Ffafriol (ALlFf)

Mae ALlFf yn ardaloedd dan anfantais a than anfantais fawr sy'n cael eu cydnabod gan yr Undeb Ewropeaidd.

Dynodir ALlFf lle mae'r tir yn rhy fryniog i ddefnyddio peiriannau; yn rhy wlyb i dyfu cnydau; bod ei botensial yn gyfyngedig; a'i fod yn cynhyrchu adenillion economaidd sy'n sylweddol is na'r cyfartaledd cenedlaethol.

Tir ALlFf yw 81% o dir Cymru.

Mae ffermwyr mewn ALlFf yn dibynnu'n helaeth ar gymorth ariannol ar ffurf grantiau a chymorthdaliadau gan yr Undeb Ewropeaidd.

© Ystadegau Amaethyddol Cymru 2005

Data wedi'i ddarparu gan Lywodraeth Cynulliad Cymru ar sail data'r Arolwg Ordnans.

© Hawlfraint y Goron. Cedwir pob hawl. Rhif y drwydded 100000249

GRADDFA 1: 1 300 000

Mae amaethyddiaeth yn gwneud cyfraniad mawr i dirwedd Cymru ac, i raddau llai, i'r economi.

- Mae amaethyddiaeth yn cyfrannu 1.2% at Gynnyrch Mewnwladol Crynswth (CMC) Cymru.
- Mae 60 000 o bobl (yn cynnwys gwaith tymhorol a rhan-amser) yn gweithio ym maes amaethyddiaeth
- Mae 5% o holl gyflogaeth Cymru ym maes amaethyddiaeth.

Mae ffermio'n anodd mewn llawer o rannau o Gymru gan fod llawer o'r tir o ansawdd gwael. Ar yr uwchdiroedd rhewlifol mae'r priddoedd yn denau, yn garegog ac yn aml yn fawnog. Mae'r glawiad uchel yn achosi i faetholion gael eu golchi drwy'r priddoedd ac mae'r tymheredd isel yn golygu bod cnydau a phorfeydd yn tyfu'n araf.

Mae ardaloedd uchel a mynyddig Cymru wedi'u gorchuddio'n bennaf â gweundiroedd. Mae'r rhain yn rhai o'r ardaloedd ffermio anoddaf yn y wlad, a ffermio defaid sydd yma yn bennaf.

Mae'r polisïau sy'n effeithio ar ffermwyr, y Polisi Amaethyddol Cyffredin yn arbennig, yn cael eu pennu gan yr Undeb Ewropeaidd, nid Llywodraeth Cynulliad Cymru na llywodraeth y DU.

Mae penderfyniadau sy'n cael eu gwneud yn Ewrop yn effeithio ar holl ffermwyr Ewrop ac maent yn dylanwadu'n fawr ar amaethyddiaeth Cymru.

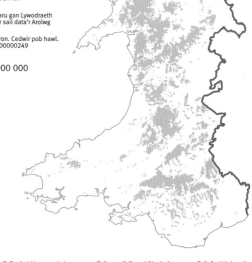

Gorchudd gweundir

- gweundir

Data wedi'i ddarparu gan Lywodraeth Cynulliad Cymru ar sail data'r Arolwg Ordnans.

© Hawlfraint y Goron. Cedwir pob hawl. Rhif y drwydded 100000249

GRADDFA 1: 3 000 000

Tir ffermio o ansawdd da yng Nghymru:

- Gogledd-ddwyrain Cymru gan fod yr ardal yn y cysgod glaw ac mae llifwaddod a thil (clog-glai) dyffrynnoedd Dyfrdwy a Chlwyd yn esgor ar dir pori mwy ffrwythlon.

- Rhannau o Ynys Môn ar yr iseldiroedd sychach.

- Iseldiroedd de-orllewin Sir Benfro sy'n mwynhau aer cymharol gynnes oddi ar Fôr Iwerydd a Llif y Gwlff.

- Penrhyn Gŵyr ac iseldiroedd arfordirol de Cymru sydd hefyd yn cael tymheredd uwch a llai o law.

w amrywiaeth cyfoethog o fwydydd o Gymru. Mae ffermwyr
hynhyrchwyr bwyd o Gymru'n cystadlu mewn marchnad
-eang ac yn gwerthu eu cynnyrch ar draws y byd.

ydydd arbenigol
e llawer o wahanol fathau o
ydydd arbenigol yn cael eu
hyrchu a'u paratoi yng
hymru, o fêl i ham, o gocos i
wsiau arbenigol, o win gwyn
isgi ac o hufen iâ i iogwrt.

aws mwyaf adnabyddus o
mru yw *Caerffili*, caws gwyn
an, briwsionllyd sy'n hanu
lde Cymru.

nllun Gwobrwyo
e cynllun gwobrwyo bwyd
mru: Y Gwir Flas' yn cael ei
oli gan Lywodraeth
nulliad Cymru i ddathlu
nnyrch traddodiadol o Gymru
i annog gwestai, tai bwyta

a thafarnau i gynnig bwydydd
Cymreig. Mae'n hyrwyddo'r
defnydd o gynnyrch safonol o
Gymru a, gyda'r Gwobrau
Bwyd a Diod, mae'n dathlu
bwydydd safonol o Gymru.

Marchnadoedd
Mae marchnadoedd ffermwyr yn
gwerthu cynnyrch sy'n cael ei dyfu
gan fasnachwyr lleol ar gyfer pobl
leol. Caiff marchnadoedd eu
cynnal yn rheolaidd ledled Cymru.
Mae marchnadoedd amaethyddol
yn galluogi ffermwyr i brynu a
gwerthu da byw.

Cynhyrchwyr bwydydd arbenigol o Gymru

● cynhyrchwyr bwydydd arbenigol

Gwasanaethau Gwybodaeth Ddaearyddol,
Llywodraeth Cynulliad Cymru
© Hawlfraint y Goron. Cedwir pob hawl.
Rhif y drwydded 100000249

GRADDFA 1: 2 000 000

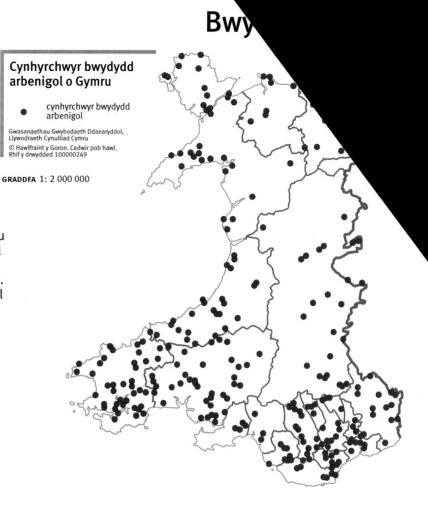

ermio organig yng Nghymru

1 2005:
- roedd 4% o'r holl dir amaethyddol yng Nghymru yn cael ei reoli'n organig
- roedd tir a gâi ei reoli'n organig yng Nghymru yn cyfateb i 9.4% o'r holl dir organig yn y DU
- roedd arwynebedd tir organig wedi cynyddu bron i 18% er 2003
- porfa ar gyfer ŵyn neu wartheg oedd 92% o'r tir cwbl organig
- roedd 640 o ffermydd organig
- roedd 115 o broseswyr bwyd organig cofrestredig.

Tir a gâi ei reoli'n organig yng Nghymru fesul rhanbarth 2005

Rhanbarth	y cant
Gogledd-ddwyrain Cymru	11.9
Gogledd-orllewin Cymru	17.4
Powys	24.7
De Cymru	3.2
De-ddwyrain Cymru	6.2
Gorllewin Cymru	36.6

Ffynhonnell: Canolfan Organig Cymru

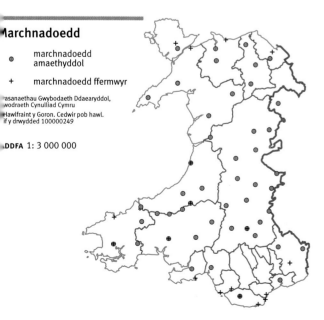

Marchnadoedd

● marchnadoedd amaethyddol

+ marchnadoedd ffermwyr

asanaethau Gwybodaeth Ddaearyddol,
wodraeth Cynulliad Cymru
Hawlfraint y Goron. Cedwir pob hawl.
if y drwydded 100000249

DDFA 1: 3 000 000

ford University Press   © Gwasg Prifysgol Rhydychen   Tafluniad Mercator Ardraws

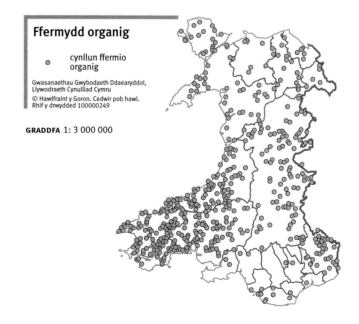

Ffermydd organig

● cynllun ffermio organig

Gwasanaethau Gwybodaeth Ddaearyddol,
Llywodraeth Cynulliad Cymru
© Hawlfraint y Goron. Cedwir pob hawl.
Rhif y drwydded 100000249

GRADDFA 1: 3 000 000

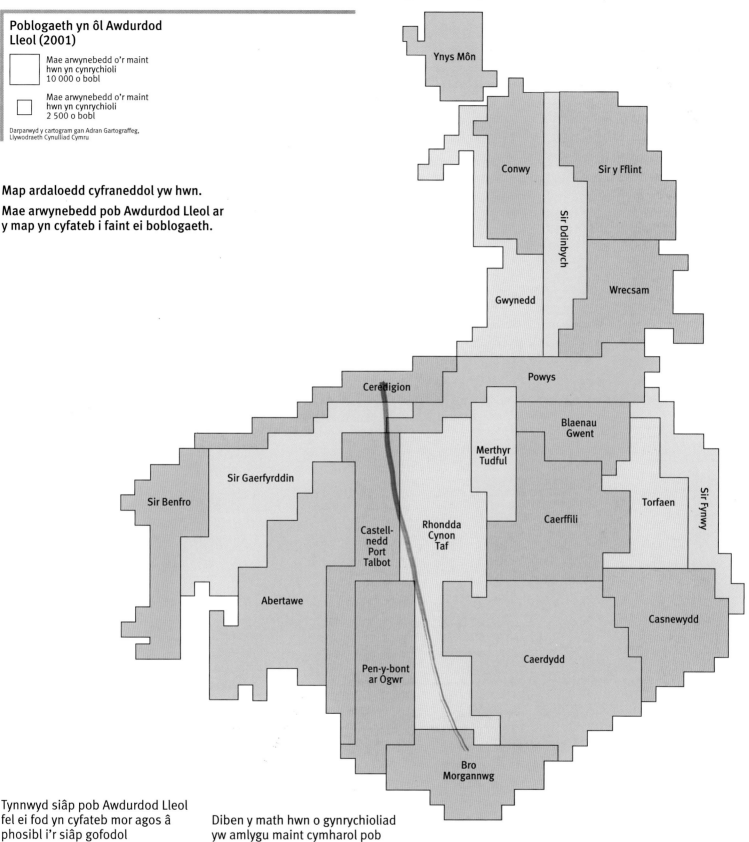

Poblogaeth yn ôl Awdurdod Lleol (2001)

Mae arwynebedd o'r maint hwn yn cynrychioli 10 000 o bobl

Mae arwynebedd o'r maint hwn yn cynrychioli 2 500 o bobl

Darparwyd y cartogram gan Adran Gartograffeg, Llywodraeth Cynulliad Cymru

Map ardaloedd cyfraneddol yw hwn.

Mae arwynebedd pob Awdurdod Lleol ar y map yn cyfateb i faint ei boblogaeth.

Tynnwyd siâp pob Awdurdod Lleol fel ei fod yn cyfateb mor agos â phosibl i'r siâp gofodol gwirioneddol. Yn arbennig, mae'r 'ardaloedd' wedi cael eu trefnu yn y fath fodd ag i gydnabod ffiniau cyffredin yr Awdurdodau Lleol.

Er enghraifft, mae Ceredigion yn rhannu ffiniau â Sir Benfro, Sir Gaerfyrddin, Powys a Gwynedd. Mae Torfaen yn rhannu ffiniau â Sir Fynwy, Casnewydd, Caerffili a Blaenau Gwent.

Diben y math hwn o gynrychioliad yw amlygu maint cymharol pob Awdurdod Lleol o ran poblogaeth.

Er bod Caerdydd yn gymharol fach o ran arwynebedd, mae iddi boblogaeth gymharol fawr. Yn yr un modd, mae gan Sir y Fflint a Thorfaen boblogaethau mwy nag y byddai eu harwynebedd gofodol yn ei awgrymu.

Poblogaeth

Roedd poblogaeth Cymru ar ddiwrnod cyfrifiad 2001 yn 2.9 miliwn o bobl. Mae dwy ran o dair o'r boblogaeth yn byw yn ne diwydiannol y wlad.

Yr ardaloedd trefol mwyaf yw Caerdydd, Abertawe a Chasnewydd.

Yr Awdurdodau Lleol mwyaf o ran poblogaeth yw:
Caerdydd (307 000),
Rhondda Cynon Taf (232 000)
ac Abertawe (224 000).
Yr Awdurdod Lleol lleiaf yw
Merthyr Tudful (56 000).

Mae'r dwysedd poblogaeth ar ei isaf yn yr uwchdiroedd a lle mae llai o gysylltiadau ffordd.

Gan fod gogledd-ddwyrain Cymru a rhanbarthau'r de a'r de-ddwyrain wedi dod yn fwy hygyrch, mae modd i fwy o bobl fyw a gweithio yno.

Dwysedd poblogaeth 2001

pobl y cilometr sgwâr

- dros 22%
- 21.1–22%
- 20.1–21%
- 19.1–20%
- llai na 19%

GRADDFA 1: 2 000 000

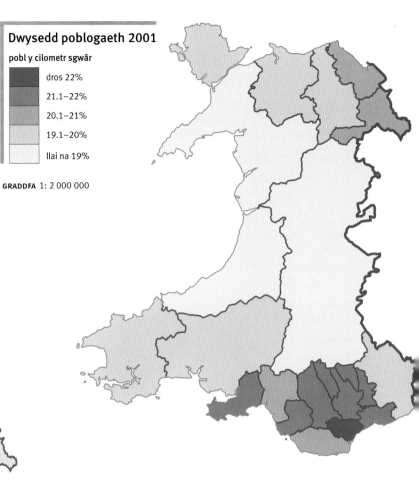

Poblogaeth o dan 17 oed yn 2001

- dros 22%
- 21.1–22%
- 20.1–21%
- 19.1–20%
- llai na 19%

GRADDFA 1: 3 000 000

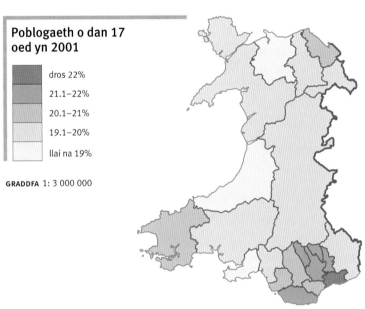

Poblogaeth dros 75 oed yn 2001

- dros 10%
- 9.1–10%
- 8.1–9%
- 7.1–8%
- llai na 7%

GRADDFA 1: 3 000 000

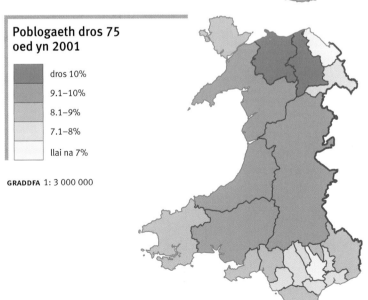

Poblogaeth y DU 2001

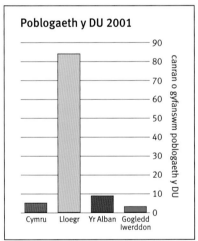

canran o gyfanswm poblogaeth y DU

Cymru · Lloegr · Yr Alban · Gogledd Iwerddon

Poblogaeth Cymru yn ôl oedran a math o Awdurdod Lleol 2004

	ALl Gwledig		ALl y Cymoedd		Gweddill Cymru		Cymru	
dan 15	171	32.1%	148	27.7%	214	40.2%	533	100%
15–24	115	30.0%	100	26.0%	169	44.0%	385	100%
25–44	233	30.6%	211	27.6%	319	41.8%	763	100%
45–64	269	35.7%	201	26.7%	284	37.6%	754	100%
dros 64	196	37.9%	133	25.6%	198	36.5%	518	100%
cyfanswm	984	33.4%	793	26.8%	1184	39.8%	2953	100%

pobl (000oedd)

ffynhonnell: Cynllun Datblygu Gwledig 2007-2013

cyfran o'r grŵp oedran (canran)

Awdurdodau Lleol Gwledig:
Ynys Môn, Sir Gaerfyrddin, Ceredigion, Conwy, Sir Ddinbych, Gwynedd, Sir Fynwy, Sir Benfro, Powys

Awdurdodau Lleol y Cymoedd:
Blaenau Gwent, Caerffili, Merthyr Tudful, Rhondda Cynon Taf, Torfaen

Awdurdod Lleol	Poblogaeth cyfanswm poblogaeth			Disgwyliad oes 2001–2003		Cyfraddau genedigaethau a marwolaethau fesul 1000 o bobl		Awdurdod Lleol
	1991	2001	2005	gwrywod	benywod	genedigaethau	marwolaethau	
Cymru	2 872 998	2 910 232	2 958 590	75.5	80.1	11.1	11.5	Cymru
Ynys Môn	69 123	67 806	68 934	76.3	80.6	9.8	11.8	Ynys Môn
Blaenau Gwent	72 666	70 000	68 413	73.6	78.4	10.7	13.7	Blaenau Gwent
Pen-y-bont ar Ogwr	129 477	128 735	130 772	75.5	79.5	11.7	11.5	Pen-y-bont ar Ogwr
Caerffili	170 615	169 546	170 238	74.6	79.4	12.4	10.9	Caerffili
Caerdydd	296 941	310 088	319 702	75.5	80.3	12.0	9.3	Caerdydd
Sir Gaerfyrddin	169 725	173 652	178 119	74.9	79.9	10.3	13.9	Sir Gaerfyrddin
Ceredigion	65 933	75 417	78 258	78.5	81.7	8.0	10.2	Ceredigion
Conwy	107 951	109 674	111 521	75.7	80.5	9.7	14.5	Conwy
Sir Ddinbych	89 395	93 070	95 991	76.3	79.8	10.3	13.4	Sir Ddinbych
Sir y Fflint	142 036	148 629	150 230	76.3	80.2	11.5	10.2	Sir y Fflint
Gwynedd	115 007	116 844	117 985	76.9	80.9	10.2	11.6	Gwynedd
Merthyr Tudful	59 594	56 207	54 868	73.4	78.4	11.6	12.1	Merthyr Tudful
Sir Fynwy	80 209	84 984	87 704	77.0	81.4	7.9	10.4	Sir Fynwy
Castell-nedd Port Talbot	138 844	134 380	135 586	74.1	79.8	11.0	12.7	Castell-nedd Port Talbot
Casnewydd	135 479	137 642	139 573	74.7	80.5	12.8	10.2	Casnewydd
Sir Benfro	112 446	113 058	117 490	75.3	80.4	10.4	12.1	Sir Benfro
Powys	119 703	126 398	131 498	77.1	80.9	9.6	12.0	Powys
Rhondda Cynon Taf	234 917	231 910	231 622	74.2	79.1	11.9	11.4	Rhondda Cynon Taf
Abertawe	229 743	223 463	226 369	75.4	80.2	11.2	11.9	Abertawe
Torfaen	90 961	90 912	90 303	75.5	80.1	11.2	10.3	Torfaen
Bro Morgannwg	118 053	119 277	122 932	76.0	81.0	10.5	10.8	Bro Morgannwg
Wrecsam	124 180	128 540	130 482	75.6	79.7	11.7	11.0	Wrecsam

☐ cynnydd neu ddim newid er 1991
☐ cynnydd neu ddim newid er 2001
▨ lleihad er 1991
▨ lleihad er 2001
☐ y cyfartaledd cenedlaethol neu'n uwch
▨ islaw'r cyfartaledd cenedlaethol
☐ y cyfartaledd cenedlaethol neu'n uwch
▨ islaw'r cyfartaledd cenedlaethol
☐ cyfradd marwolaethau uwch na'r gyfradd genedigaethau
▨ cyfradd genedigaethau uwch na'r gyfradd farwolaethau

Mae oedran cyfartalog poblogaeth Cymru yn cynyddu. Ym 1981 roedd yn 34 blynedd, ym 1991 roedd yn 36 blynedd.

Mae Cymru'n dilyn tuedd y DU, sef bod y boblogaeth yn heneiddio. Mae'r nifer o bobl yng Nghymru dros 85 oed wedi cynyddu bum gwaith er 1951.

Conwy sydd â'r boblogaeth fwyaf o oed pensiwn (26%) a Chaerdydd sydd â'r isaf (17%).

Casnewydd sydd â'r gyfran uchaf o blant (22%) a Cheredigion sydd â'r isaf (17%).

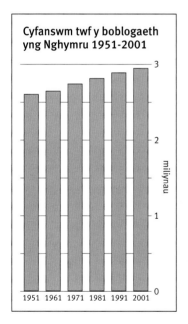

Cyfanswm twf y boblogaeth yng Nghymru 1951-2001

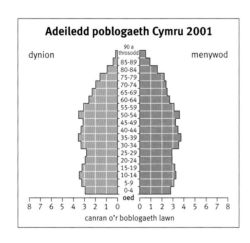

Adeiledd poblogaeth Cymru 2001

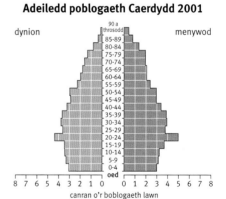

Adeiledd poblogaeth Caerdydd 2001

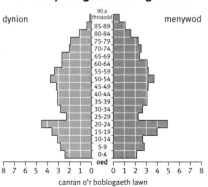

Adeiledd poblogaeth Ceredigion 2001

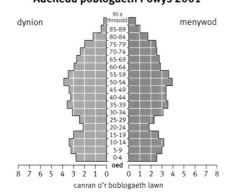

Adeiledd poblogaeth Powys 2001

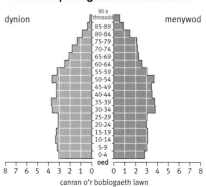

Adeiledd poblogaeth Wrecsam 2001

Newid poblogaeth 1991–2001

cynnydd
- dros 6%
- 3–5.9%
- 0–2.9%

gostyngiad
- 0–2.9%
- 3–5.9%
- dros 6%

GRADDFA 1: 2 000 000

Mae newid poblogaeth yn cynnwys newidiadau yn sgil cynnydd naturiol (y cydbwysedd rhwng genedigaethau a marwolaethau) yn ogystal â mudo.

cyfnod	poblogaeth gychwynnol	elfennau'r newid poblogaeth (mewn miloedd)				poblogaeth derfynol
		genedigaethau /marwolaethau	newid naturiol net	colledion/ enillion mudo	cyfanswm y newid	
1891–1901	1 771 000	609/360	+250	-8	+241	2 013 000
1901–1911	2 013 000	668/358	+310	+98	+408	2 421 000
1911–1921	2 421 000	630/350	+280	-45	+236	2 656 000
1921–1931	2 656 000	531/325	+206	-269	-63	2 593 000
1931–1951	2 593 000	839/652	+187	-181	+5	2 599 000
1951–1961	2 599 000	415/328	+87	-42	+45	2 644 000
1961–1971	2 644 000	449/342	+108	-21	+87	2 731 000
1971–1981	2 740 000	359/357	+2	+71	+73	2 813 000
1981–1991	2 813 000	371/346	+25	+53	+78	2 891 000
1991–2001	2 891 000	351/346	+4	+51	+56	2 947 000
2001–2011	2 947 000	329/341	-13	+55	+42	2 989 000

Ffynhonnell: Ffocws Ystadegol ar Gymru

Llif mudo net cyfartalog rhwng Cymru a Lloegr yn ôl grŵp oedran 1999–2004

← colledion trwy fudo o'r rhanbarth i Loegr   enillion trwy fudo i'r rhanbarth o Loegr →

- Gogledd Cymru
- Canolbarth Cymru
- De-orllewin Cymru
- Y Cymoedd
- De-ddwyrain Cymru

-1000   0   1000   2000   3000   4000   5000 o bobl

- 65+
- 45–64
- 25–44
- 16–24
- 0–15

Llif mudo net cyfartalog y flwyddyn rhwng rhanbarthau 1999–2004

—20→ llif mudo net cyfartalog

Data wedi'i ddarparu gan yr Adran Gartograffeg, Llywodraeth Cynulliad Cymru ar sail data'r Arolwg Ordnans.
© Hawlfraint y Goron. Cedwir pob hawl. Rhif y drwydded 100000249

GRADDFA 1: 2 000 000

GOGLEDD CYMRU

40
20
160
20
CANOLBARTH CYMRU
170
DE-ORLLEWIN CYMRU
70
180
Y CYMOEDD
680
600
140
DE-DDWYRAIN CYMRU

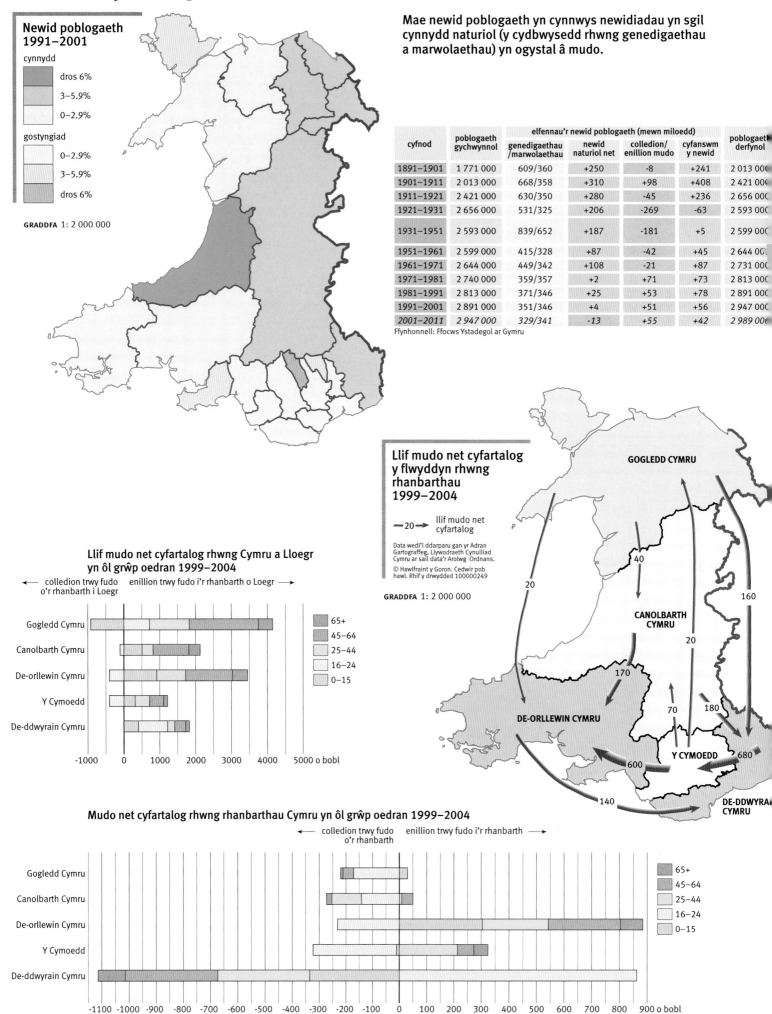

Mudo net cyfartalog rhwng rhanbarthau Cymru yn ôl grŵp oedran 1999–2004

← colledion trwy fudo o'r rhanbarth   enillion trwy fudo i'r rhanbarth →

- Gogledd Cymru
- Canolbarth Cymru
- De-orllewin Cymru
- Y Cymoedd
- De-ddwyrain Cymru

-1100 -1000 -900 -800 -700 -600 -500 -400 -300 -200 -100 0 100 200 300 400 500 600 700 800 900 o bobl

- 65+
- 45–64
- 25–44
- 16–24
- 0–15

Mae gan gymunedau yng Nghymru anghenion gwahanol iawn i'w gilydd ac maent yn wynebu heriau gwahanol hefyd.

Mae gan Lywodraeth Cynulliad Cymru nifer o amcanion i sicrhau bod cymunedau cynaliadwy yng Nghymru:

- mynd i'r afael â tharddiad tymor hir amddifadedd trwy fuddsoddi yn natblygiad, iechyd ac addysg plant

- mynd i'r afael ag anghydraddoldebau

- sicrhau bod ysgolion o ansawdd uchel ar gael

- sicrhau bod tai fforddiadwy ar gael

- darparu gwasanaethau hygyrch o ansawdd uchel

- cefnogi gweithredu gan gymunedau lleol

- mynd i'r afael ag ansawdd amgylcheddol wael.

Hwlffordd

Adeiladu cymunedau cynaliadwy

Newid poblogaeth 1993–2003

cynnydd canrannol mwyaf yn y boblogaeth

gostyngiad canrannol mwyaf yn y boblogaeth

Amcangyfrif poblogaeth canol blwyddyn 2003

canran uchel o'r boblogaeth o dan 18

canran uchel o'r boblogaeth dros 65

Mewnfudo crynswth cyfartalog o Loegr fel canran o boblogaeth canol blwyddyn 2003

y ganran fewnfudo uchaf

y ganran fewnfudo isaf

cymhareb fwyaf prisiau tai i enillion 2003

cymhareb leiaf prisiau tai i enillion 2003

Mynegai Amddifadedd Lluosog 2000

y wardiau mwyaf difreintiedig

Mynegai Tlodi Plant 1998

dros 55% o deuluoedd yn dibynnu ar fudd-daliadau seiliedig ar incwm

Data wedi'i ddarparu gan Lywodraeth Cynulliad Cymru ar sail data'r Arolwg Ordnans.

© Hawlfraint y Goron. Cedwir pob hawl. Rhif y drwydded 100000249

GRADDFA 1: 1 300 000

Mae amddifadedd iechyd, anabledd a diffyg addysg, sgiliau a hyfforddiant yn effeithio ar lawer o gymunedau trefol.

Mewn cyferbyniad, amddifadedd tai a diffyg gwasanaethau sylfaenol – fel Swyddfa Bost, siop fwyd fawr, meddyg teulu a chyfleusterau damweiniau ac achosion brys mewn ysbyty – sy'n effeithio fwyaf ar wardiau gwledig.

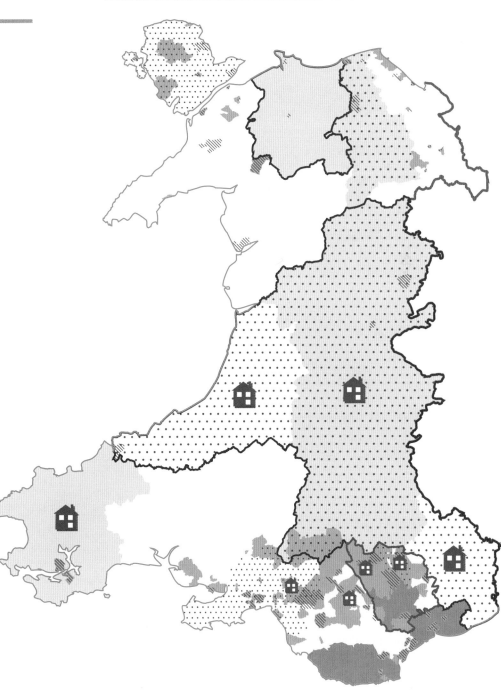

Mae'r Mynegai Amddifadedd Lluosog yn cyfuno gwybodaeth o saith categori. Mae'n cynnwys data am incwm, cyflogaeth, iechyd, addysg, tai, yr amgylchedd a mynediad at wasanaethau.

Mae pob categori yn cyfuno gwybodaeth o sawl dangosydd. Caiff y dangosyddion eu pwysoli i adlewyrchu eu dylanwad cymharol ar amddifadedd ym mhob categori.

Nid yw amddifadedd yr un peth â thlodi. Mae amddifadedd yn cyfeirio at ddiffyg cyfleusterau neu anghenion sylfaenol. Mae tlodi'n golygu diffyg adnoddau ariannol i ddiwallu anghenion sylfaenol.

Er bod amddifadedd yn bodoli i ryw raddau ar draws pob rhan o Gymru, gan gynnwys ardaloedd gwledig, mae'r crynoadau mwyaf o amddifadedd i'w canfod yn rhannau uchaf cymoedd y de, mewn rhannau o'r dinasoedd a'r trefi mawr, ac mewn cymunedau porthladdoedd a hen gymunedau diwydiannol.

Ffynhonnell pob map ar dudalen 40 a 41:
Mynegai Amddifadedd Lluosog Cymru 2005

Pob map ar dudalennau 40 a 41:
© Hawlfraint y Goron. Cedwir pob hawl.
Rhif y drwydded 100000249

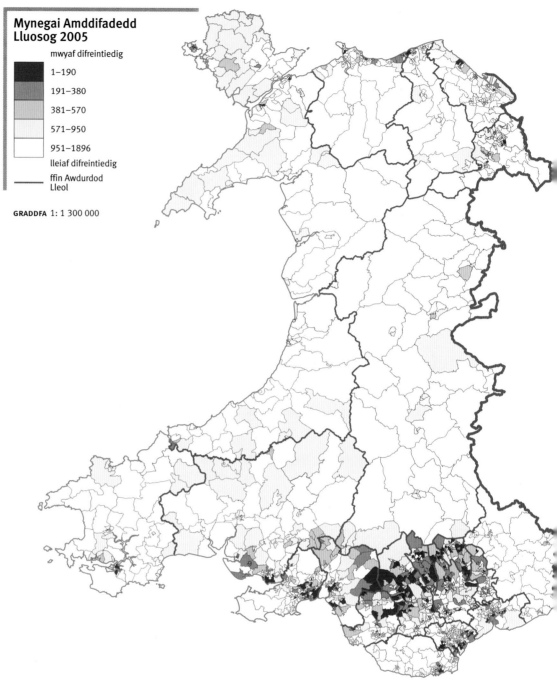

Mynegai Amddifadedd Lluosog 2005

mwyaf difreintiedig

- 1–190
- 191–380
- 381–570
- 571–950
- 951–1896

lleiaf difreintiedig

ffin Awdurdod Lleol

GRADDFA 1: 1 300 000

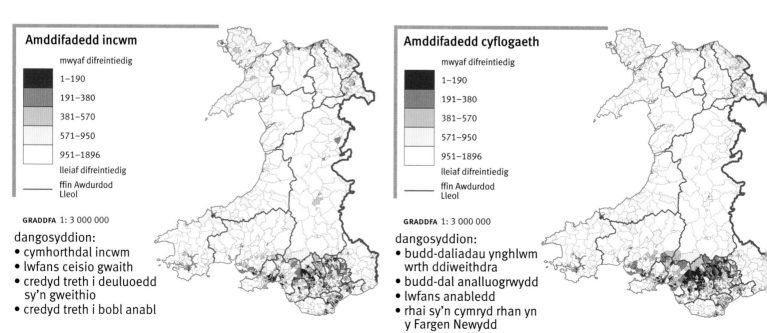

Amddifadedd incwm

mwyaf difreintiedig

- 1–190
- 191–380
- 381–570
- 571–950
- 951–1896

lleiaf difreintiedig

ffin Awdurdod Lleol

GRADDFA 1: 3 000 000

dangosyddion:
- cymhorthdal incwm
- lwfans ceisio gwaith
- credyd treth i deuluoedd sy'n gweithio
- credyd treth i bobl anabl

Amddifadedd cyflogaeth

mwyaf difreintiedig

- 1–190
- 191–380
- 381–570
- 571–950
- 951–1896

lleiaf difreintiedig

ffin Awdurdod Lleol

GRADDFA 1: 3 000 000

dangosyddion:
- budd-daliadau ynghlwm wrth ddiweithdra
- budd-dal analluogrwydd
- lwfans anabledd
- rhai sy'n cymryd rhan yn y Fargen Newydd

Amddifadedd iechyd

mwyaf difreintiedig

- 1–190
- 191–380
- 381–570
- 571–950
- 951–1896

lleiaf difreintiedig

ffin Awdurdod Lleol

GRADDFA 1: 3 000 000

dangosyddion:
- salwch tymor hir cyfyngol
- marwolaethau
- nifer yr achosion o ganser

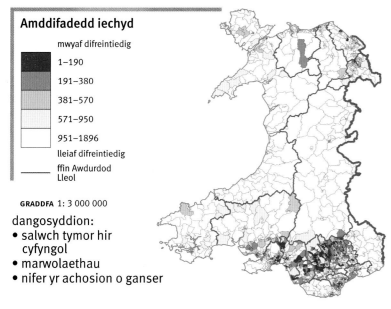

Amddifadedd addysg, sgiliau a hyfforddiant

mwyaf difreintiedig

- 1–190
- 191–380
- 381–570
- 571–950
- 951–1896

lleiaf difreintiedig

ffin Awdurdod Lleol

GRADDFA 1: 3 000 000

dangosyddion:
- sgoriau pwyntiau yng Nghyfnodau Allweddol 2, 3 a 4
- cyfran o oedolion heb unrhyw gymwysterau
- cyfran o bobl ifanc 17-18 oed nad ydynt yn derbyn addysg bellach/uwch
- cyfraddau absenoldeb mewn ysgolion uwchradd

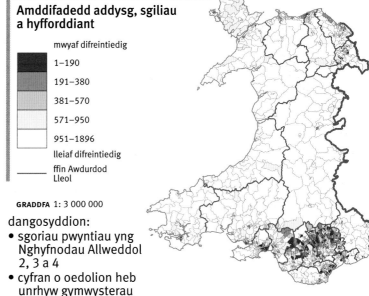

Amddifadedd o ran yr amgylchedd ffisegol

mwyaf difreintiedig

- 1–190
- 191–380
- 381–570
- 571–950
- 951–1896

lleiaf difreintiedig

ffin Awdurdod Lleol

GRADDFA 1: 3 000 000

dangosyddion:
- ansawdd aer
- allyriadau yn yr aer
- byw o fewn 1 km i safle gwaredu gwastraff
- byw o fewn 1 km i ddiwydiant sy'n cael ei reoleiddio gan Asiantaeth yr Amgylchedd
- byw mewn ardal sydd â pherygl llifogydd sylweddol

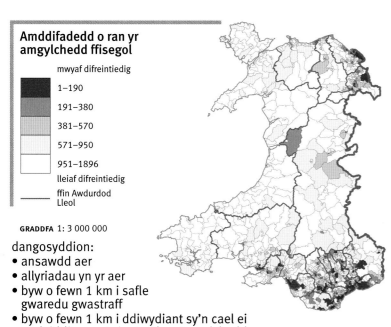

Amddifadedd o ran mynediad daearyddol at wasanaethau

mwyaf difreintiedig

- 1–190
- 191–380
- 381–570
- 571–950
- 951–1896

lleiaf difreintiedig

ffin Awdurdod Lleol

GRADDFA 1: 3 000 000

dangosyddion mynediad at wasanaethau:
- siop fwyd (10 munud)
- meddygfa (15 munud)
- ysgol gynradd (15 munud)
- swyddfa'r post (15 munud)
- llyfrgell gyhoeddus (15 munud)
- canolfan hamdden (20 munud)
- deintydd GIG (20 munud)
- ysgol uwchradd (30 munud)

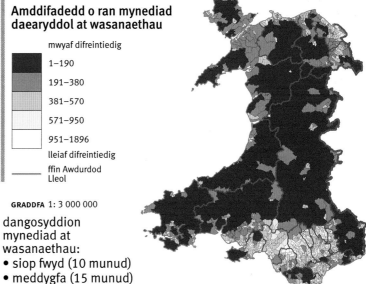

Amddifadedd tai

mwyaf difreintiedig

- 1–190
- 191–380
- 381–570
- 571–950
- 951–1896

lleiaf difreintiedig

ffin Awdurdod Lleol

GRADDFA 1: 3 000 000

dangosyddion:
- dim gwres canolog
- tai wedi eu gorlenwi

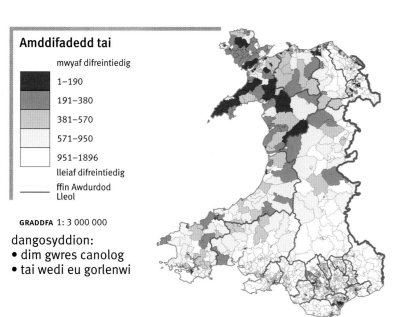

Tai: Mae tai fforddiadwy o ansawdd da i'w prynu neu i'w rhentu yn flaenoriaeth i Lywodraeth Cynulliad Cymru. Mae polisïau cynllunio yn cefnogi datblygu tai newydd ac adnewyddu tai.

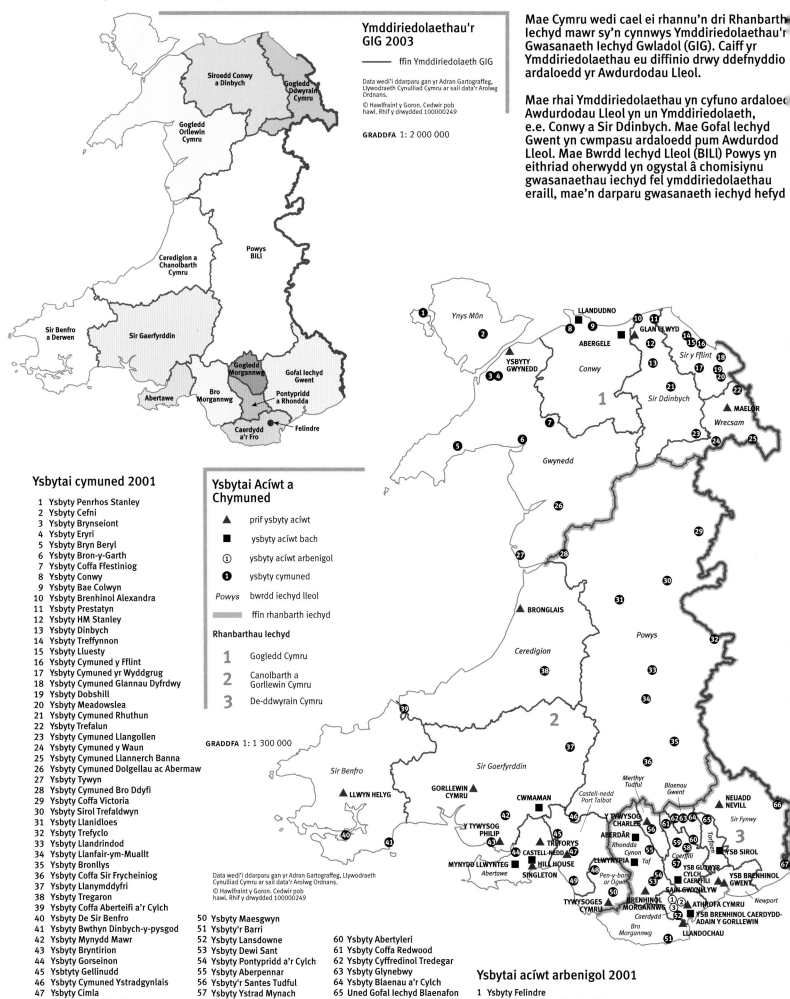

Ymddiriedolaethau'r GIG 2003

— ffin Ymddiriedolaeth GIG

Data wedi'i ddarparu gan yr Adran Gartograffeg, Llywodraeth Cynulliad Cymru ar sail data'r Arolwg Ordnans.

© Hawlfraint y Goron. Cedwir pob hawl. Rhif y drwydded 100000249

GRADDFA 1: 2 000 000

Mae Cymru wedi cael ei rhannu'n dri Rhanbarth Iechyd mawr sy'n cynnwys Ymddiriedolaethau'r Gwasanaeth Iechyd Gwladol (GIG). Caiff yr Ymddiriedolaethau eu diffinio drwy ddefnyddio ardaloedd yr Awdurdodau Lleol.

Mae rhai Ymddiriedolaethau yn cyfuno ardaloedd Awdurdodau Lleol yn un Ymddiriedolaeth, e.e. Conwy a Sir Ddinbych. Mae Gofal Iechyd Gwent yn cwmpasu ardaloedd pum Awdurdod Lleol. Mae Bwrdd Iechyd Lleol (BILl) Powys yn eithriad oherwydd yn ogystal â chomisiynu gwasanaethau iechyd fel ymddiriedolaethau eraill, mae'n darparu gwasanaeth iechyd hefyd

Map labels (Ymddiriedolaethau'r GIG 2003)
Siroedd Conwy a Dinbych
Gogledd Ddwyrain Cymru
Gogledd Orllewin Cymru
Ceredigion a Chanolbarth Cymru
Powys BILl
Sir Benfro a Derwen
Sir Gaerfyrddin
Gogledd Morgannwg
Gofal Iechyd Gwent
Abertawe
Bro Morgannwg
Pontypridd a Rhondda
Caerdydd a'r Fro
Felindre

Ysbytai cymuned 2001

1 Ysbyty Penrhos Stanley
2 Ysbyty Cefni
3 Ysbyty Brynseiont
4 Ysbyty Eryri
5 Ysbyty Bryn Beryl
6 Ysbyty Bron-y-Garth
7 Ysbyty Coffa Ffestiniog
8 Ysbyty Conwy
9 Ysbyty Bae Colwyn
10 Ysbyty Brenhinol Alexandra
11 Ysbyty Prestatyn
12 Ysbyty HM Stanley
13 Ysbyty Dinbych
14 Ysbyty Treffynnon
15 Ysbyty Lluesty
16 Ysbyty Cymuned y Fflint
17 Ysbyty Cymuned yr Wyddgrug
18 Ysbyty Cymuned Glannau Dyfrdwy
19 Ysbyty Dobshill
20 Ysbyty Meadowslea
21 Ysbyty Cymuned Rhuthun
22 Ysbyty Trefalun
23 Ysbyty Cymuned Llangollen
24 Ysbyty Cymuned y Waun
25 Ysbyty Cymuned Llannerch Banna
26 Ysbyty Cymuned Dolgellau ac Abermaw
27 Ysbyty Tywyn
28 Ysbyty Cymuned Bro Ddyfi
29 Ysbyty Coffa Victoria
30 Ysbyty Sirol Trefaldwyn
31 Ysbyty Llanidloes
32 Ysbyty Trefyclo
33 Ysbyty Llandrindod
34 Ysbyty Llanfair-ym-Muallt
35 Ysbyty Bronllys
36 Ysbyty Coffa Sir Frycheiniog
37 Ysbyty Llanymddyfri
38 Ysbyty Tregaron
39 Ysbyty Coffa Aberteifi a'r Cylch
40 Ysbyty De Sir Benfro
41 Ysbyty Bwthyn Dinbych-y-pysgod
42 Ysbyty Mynydd Mawr
43 Ysbyty Bryntirion
44 Ysbyty Gorseinon
45 Ysbtyty Gellinudd
46 Ysbyty Cymuned Ystradgynlais
47 Ysbyty Cimla
48 Ysbyty Cyffredinol Maesteg
49 Ysbyty Groeswen
50 Ysbyty Maesgwyn
51 Ysbyty'r Barri
52 Ysbyty Lansdowne
53 Ysbyty Dewi Sant
54 Ysbyty Pontypridd a'r Cylch
55 Ysbyty Aberpennar
56 Ysbyty'r Santes Tudful
57 Ysbyty Ystrad Mynach
58 Ysbyty Oakdale
59 Ysbyty Aberbargod
60 Ysbyty Abertyleri
61 Ysbyty Coffa Redwood
62 Ysbyty Cyffredinol Tredegar
63 Ysbyty Glynebwy
64 Ysbyty Blaenau a'r Cylch
65 Uned Gofal Iechyd Blaenafon
66 Ysbyty Cyffredinol Trefynwy
67 Ysbyty Cymuned Cas-gwent

Ysbytai Acíwt a Chymuned

▲ prif ysbyty acíwt
■ ysbyty acíwt bach
① ysbyty acíwt arbenigol
● ysbyty cymuned
Powys bwrdd iechyd lleol
ffin rhanbarth iechyd

Rhanbarthau Iechyd

1 Gogledd Cymru
2 Canolbarth a Gorllewin Cymru
3 De-ddwyrain Cymru

GRADDFA 1: 1 300 000

Data wedi'i ddarparu gan yr Adran Gartograffeg, Llywodraeth Cynulliad Cymru ar sail data'r Arolwg Ordnans.
© Hawlfraint y Goron. Cedwir pob hawl. Rhif y drwydded 100000249

Ysbytai acíwt arbenigol 2001

1 Ysbyty Felindre
2 Ysbyty Deintyddol Athrofaol Cymru
3 Ysbyty Rookwood

Map labels (Ysbytai Acíwt a Chymuned)
Ynys Môn
LLANDUDNO
GLAN CLWYD
ABERGELE
Sir y Fflint
YSBYTY GWYNEDD
Conwy
MAELOR
Sir Ddinbych
Wrecsam
Gwynedd
BRONGLAIS
Ceredigion
Powys
Sir Benfro
Sir Gaerfyrddin
LLWYN HELYG
GORLLEWIN CYMRU
CWMAMAN
Merthyr Tudful
Castell-nedd Port Talbot
Blaenau Gwent
NEUADD NEVILL
Sir Fynwy
Y TYWYSOG PHILIP
Y TYWYSOG CHARLES
ABERDÂR
TREFORYS
CASTELL-NEDD
MYNYDD LLWYNTEG
HILL HOUSE
SINGLETON
Abertawe
Rhondda Cynon Taf
LLWYNYPIA
Pen-y-bont ar Ogwr
BRENHINOL MORGANNWG
TYWYSOGES CYMRU
Caerdydd
Bro Morgannwg
LLANDOCHAU
Caerffili
Torfaen
YSB SIROL
YSB GLOWYR CYLCH CAERFFILI
YSB BRENHINOL GWENT
SAIN GWYNLLYW
ATHROFA CYMRU
Newport
YSB BRENHINOL CAERDYDD-ADAIN Y GORLLEWIN

Tafluniad Mercator Ardraws

ae ansawdd bywyd, fel y'i dangosir yn y ynegai Amddifadedd Lluosog, yn cynnwys gaeledd gwasanaethau sylfaenol fel bytai, ysgolion a chyfleusterau siopa.

ae'r rhwydwaith cludiant yn effeithio ar fywdra a dosbarthiad gwasanaethau.

ae lleoedd sydd â chysylltiadau da yn eddu i fod â gwasanaethau pwysig fel bytai acíwt ac ysgolion uwchradd.

ae mynediad i ysgolion cynradd, yn bennig, yn effeithio ar dwf neu dirywiad cymunedau bach. Yn yr wchdiroedd, mae mynd i'r ysgol yn allu golygu amseroedd teithio hir i ant ifanc.

ae'n rhaid wrth gynllunio gofalus ac tegredig i sicrhau hygyrchedd ynaliadwy.

ymwysterau'r boblogaeth ym mhob wdurdod Lleol yn 2005

wdurdod Lleol	Canran o'r boblogaeth heb unrhyw gymwysterau [A]	Canran o'r boblogaeth â chymwysterau uwch [B]
ymru	16.3	25.7
nys Môn	15.2	27.1
Iaenau Gwent	25.4	14.2
en-y-bont ar Ogwr	21.1	23.0
aerffili	21.9	19.2
aerdydd	12.7	35.9
ir Gaerfyrddin	16.1	22.7
eredigion	10.8	31.6
onwy	13.4	25.6
ir Ddinbych	17.6	28.1
ir y Fflint	12.7	24.2
wynedd	13.3	26.2
Ierthyr Tudful	23.0	15.7
ir Fynwy	10.7	33.1
astell-nedd Port Talbot	21.3	19.8
asnewydd	16.2	25.2
ir Benfro	11.5	26.2
owys	17.6	26.2
hondda Cynon Taf	20.4	20.8
bertawe	13.6	28.9
orfaen	19.9	21.5
ro Morgannwg	10.2	33.6
Jrecsam	18.9	21.8

A] Dim cymwysterau ar lefel TGAU nac uwch

B] Gradd gyntaf, Gradd uwch
CGC (NVQ) lefelau 4 a 5
TGU (HNC), DCU (HND)
Athro cymwysedig,
Deintydd cymwysedig,
Nyrs, Bydwraig, Ymwelydd
Iechyd cymwysedig

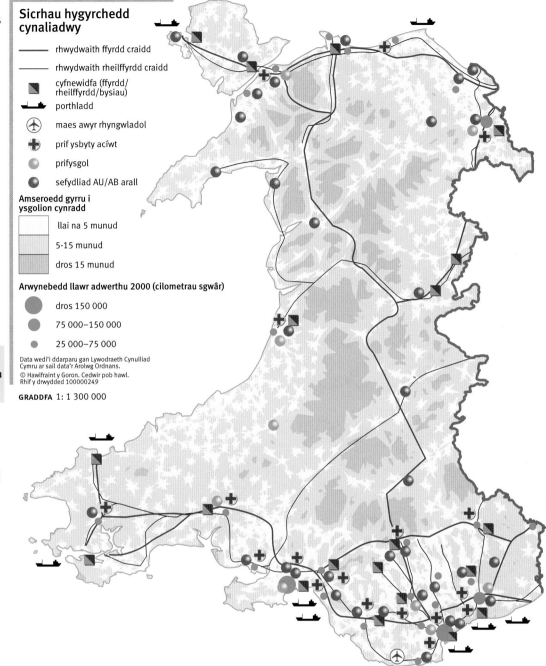

Sicrhau hygyrchedd cynaliadwy

— rhwydwaith ffyrdd craidd
— rhwydwaith rheilffyrdd craidd
▨ cyfnewidfa (ffyrdd/ rheilffyrdd/bysiau)
⚓ porthladd
✈ maes awyr rhyngwladol
✚ prif ysbyty acíwt
● prifysgol
● sefydliad AU/AB arall

Amseroedd gyrru i ysgolion cynradd
☐ llai na 5 munud
☐ 5-15 munud
☐ dros 15 munud

Arwynebedd llawr adwerthu 2000 (cilometrau sgwâr)
● dros 150 000
● 75 000–150 000
● 25 000–75 000

Data wedi'i ddarparu gan Lywodraeth Cynulliad Cymru ar sail data'r Arolwg Ordnans.
© Hawlfraint y Goron. Cedwir pob hawl.
Rhif y drwydded 100000249

GRADDFA 1: 1 300 000

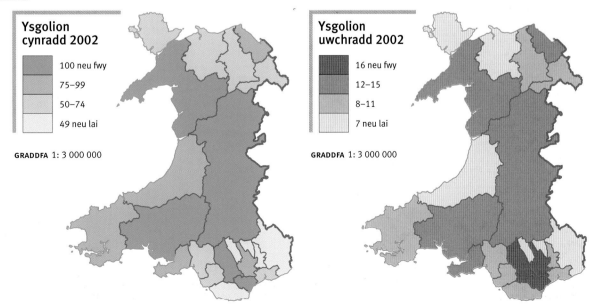

Ysgolion cynradd 2002
☐ 100 neu fwy
☐ 75–99
☐ 50–74
☐ 49 neu lai

GRADDFA 1: 3 000 000

Ysgolion uwchradd 2002
☐ 16 neu fwy
☐ 12–15
☐ 8–11
☐ 7 neu lai

GRADDFA 1: 3 000 000

Oxford University Press   © Gwasg Prifysgol Rhydychen   Tafluniad Mercator Ardraws

Mae siarad y Gymraeg yn fwyaf cyffredin yng ngorllewin a gogledd-orllewin Cymru.

Yng nghyfrifiad 2001 gofynnwyd i bobl a oeddent yn gallu siarad neu ddarllen neu ysgrifennu Cymraeg neu unrhyw gyfuniad o'r tri.

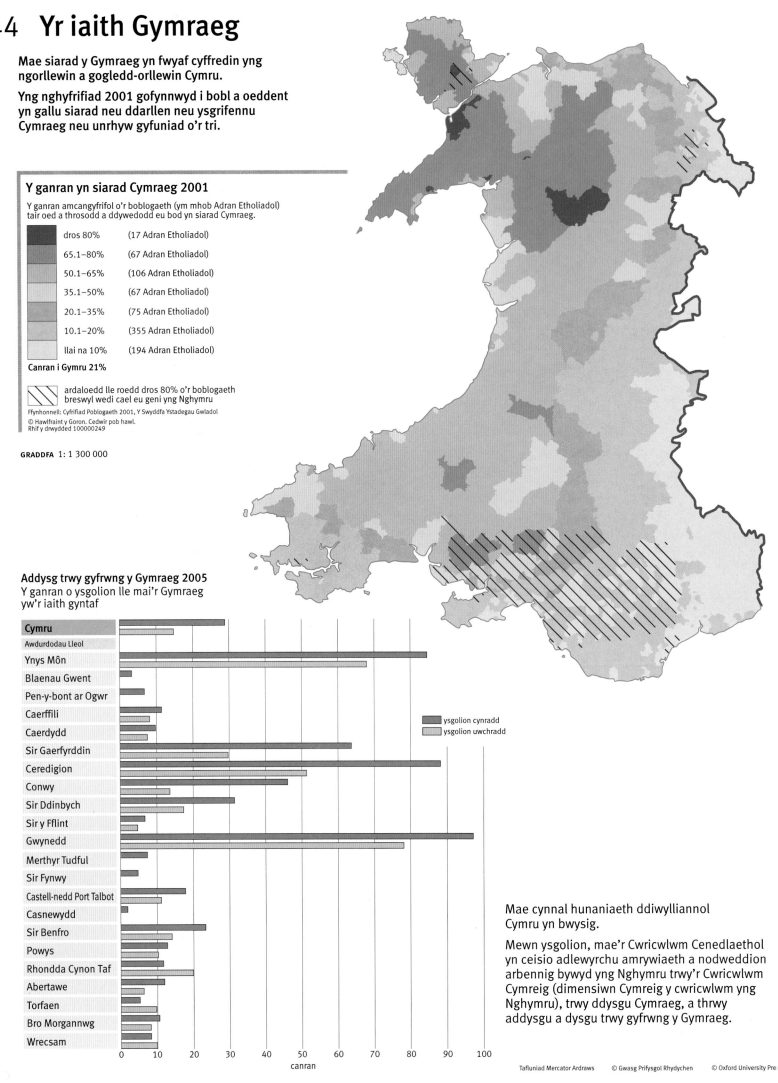

Y ganran yn siarad Cymraeg 2001

Y ganran amcangyfrifol o'r boblogaeth (ym mhob Adran Etholiadol) tair oed a throsodd a ddywedodd eu bod yn siarad Cymraeg.

	dros 80%	(17 Adran Etholiadol)
	65.1–80%	(67 Adran Etholiadol)
	50.1–65%	(106 Adran Etholiadol)
	35.1–50%	(67 Adran Etholiadol)
	20.1–35%	(75 Adran Etholiadol)
	10.1–20%	(355 Adran Etholiadol)
	llai na 10%	(194 Adran Etholiadol)

Canran i Gymru 21%

ardaloedd lle roedd dros 80% o'r boblogaeth breswyl wedi cael eu geni yng Nghymru

Ffynhonnell: Cyfrifiad Poblogaeth 2001, Y Swyddfa Ystadegau Gwladol
© Hawlfraint y Goron. Cedwir pob hawl.
Rhif y drwydded 100000249

GRADDFA 1: 1 300 000

Addysg trwy gyfrwng y Gymraeg 2005
Y ganran o ysgolion lle mai'r Gymraeg yw'r iaith gyntaf

Cymru
Awdurdodau Lleol
Ynys Môn
Blaenau Gwent
Pen-y-bont ar Ogwr
Caerffili
Caerdydd
Sir Gaerfyrddin
Ceredigion
Conwy
Sir Ddinbych
Sir y Fflint
Gwynedd
Merthyr Tudful
Sir Fynwy
Castell-nedd Port Talbot
Casnewydd
Sir Benfro
Powys
Rhondda Cynon Taf
Abertawe
Torfaen
Bro Morgannwg
Wrecsam

ysgolion cynradd
ysgolion uwchradd

canran (0 10 20 30 40 50 60 70 80 90 100)

Mae cynnal hunaniaeth ddiwylliannol Cymru yn bwysig.

Mewn ysgolion, mae'r Cwricwlwm Cenedlaethol yn ceisio adlewyrchu amrywiaeth a nodweddion arbennig bywyd yng Nghymru trwy'r Cwricwlwm Cymreig (dimensiwn Cymreig y cwricwlwm yng Nghymru), trwy ddysgu Cymraeg, a thrwy addysgu a dysgu trwy gyfrwng y Gymraeg.

Gogledd a chanolbarth Cymru sydd â'r gyfran fwyaf o bobl sydd wedi cael eu geni y tu allan i Gymru. Merthyr Tudful a Blaenau Gwent sydd â'r gyfran fwyaf o drigolion sydd wedi cael eu geni yng Nghymru.

Poblogaeth a anwyd y tu allan i Gymru 2001

- dros 40%
- 30.1–40%
- 20.1–30%
- 10–20%
- llai na 10%

Ffynhonnell: Cyfrifiad Poblogaeth 2001, Y Swyddfa Ystadegau Gwladol

GRADDFA 1: 1 300 000

Grwpiau ethnig yng Nghymru

	000oedd	y cant
Gwyn	**2841.5**	**97.88**
Gwyn Prydeinig	2786.6	95.99
Gwyn Gwyddelig	17.7	0.60
Gwyn arall	37.2	1.28
Cymysg	**17.7**	**0.61**
Asiaidd neu Asiaidd Prydeinig	**25.4**	**0.88**
Indiaidd	8.3	0.28
O Pakistan	8.3	0.29
O Bangladesh	5.4	0.19
Asiaidd arall	3.4	0.12
Du neu Ddu Prydeinig	**7.1**	**0.25**
Du o'r Caribî	2.6	0.09
Du o Affrica	3.7	0.13
Du arall	0.8	0.03
Grwpiau ethnig eraill	**11.4**	**0.4**
Tsieineaidd	6.3	0.22
Arall	5.1	0.18
Cyfanswm heb fod yn wyn	**61.6**	**2.12**

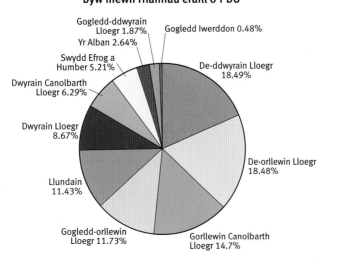

Y ganran o bobl a anwyd yng Nghymru sy'n byw mewn rhannau eraill o'r DU

- Gogledd-ddwyrain Lloegr 1.87%
- Gogledd Iwerddon 0.48%
- Yr Alban 2.64%
- Swydd Efrog a Humber 5.21%
- De-ddwyrain Lloegr 18.49%
- Dwyrain Canolbarth Lloegr 6.29%
- Dwyrain Lloegr 8.67%
- De-orllewin Lloegr 18.48%
- Llundain 11.43%
- Gorllewin Canolbarth Lloegr 14.7%
- Gogledd-orllewin Lloegr 11.73%

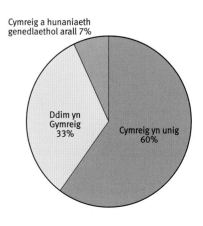

Sut mae pobl sy'n byw yng Nghymru yn gweld eu hunaniaeth genedlaethol

- Cymreig a hunaniaeth genedlaethol arall 7%
- Ddim yn Gymreig 33%
- Cymreig yn unig 60%

Mae nifer fawr o amgueddfeydd ac orielau ar draws Cymru sy'n dathlu tirwedd, diwylliant, hanes a llwyddiannau Cymru.

Amgueddfa Genedlaethol Caerdydd

Wedi'i lleoli ym Mharc Cathays, mae Amgueddfa Genedlaethol Caerdydd yn gartref i gasgliadau hanesyddol, gwyddonol a chelfyddydol. Mae'r casgliad celf yn un o'r goreuon yn Ewrop ac mae'n cynnwys gwaith Argraffiadol, cerflunwaith, cerameg a gwaith arian. Mae yma arddangosfeydd am esblygiad Cymru, archaeoleg, a dyn a'r amgylchedd.

Lleoliadau amgueddfeydd ac orielau

• amgueddfa neu oriel

GRADDFA 1: 2 000 000

Amgueddfa Lechi Cymru

Llyfrgell Genedlaethol Cymru

Amgueddfa Wlân Cymru

Amgueddfa Lleng Rufeinig Cymru, Caerllion

Big Pit: Amgueddfa Lofaol Cymru

Amgueddfa Genedlaethol y Glannau

Sain Ffagan: Amgueddfa Werin Cymru

Amgueddfa Genedlaethol Caerdydd

Amgueddfa Lleng Rufeinig Cymru, Caerllion

Codwyd y gaer Rufeinig yng Nghaerllion yn 75 OC. Mae'r amgueddfa'n cynnwys yr unig farics lleng Rufeinig y mae modd eu gweld yn Ewrop a'r amffitheatr fwyaf cyflawn ym Mhrydain.

Mae **Safleoedd Treftadaeth Byd** yn fannau o bwysigrwydd naturiol neu ddiwylliannol eithriadol, ar lefel fyd-eang. Mae pum safle yng Nghymru: cestyll Caernarfon, Conwy, Biwmares a Harlech, a'r hen waith dur ym Mlaenafon.

Sain Ffagan: Amgueddfa Werin Cymru

Yr atyniad treftadaeth mwyaf poblogaidd yng Nghymru ac un o brif amgueddfeydd awyr agored Ewrop. Mae'n dangos sut roedd pobl Cymru yn byw, yn gweithio ac yn treulio eu hamser hamdden dros y 500 mlynedd diwethaf. Mae'r amgueddfa wedi'i lleoli ar dir Castell Sain Ffagan, maenordy a pharcdir o'r unfed ganrif ar bymtheg. Mae adeiladau gwreiddiol o wahanol rannau o Gymru wedi cael eu hailgodi ar safle'r amgueddfa.

Amgueddfa Wlân Cymru, Dre-fach Felindre, Dyffryn Teifi

Roedd Dyffryn Teifi unwaith yn ganolbwynt diwydiant gwlân llewyrchus. Ffatri wlân sydd wedi cael ei hadfer yw'r amgueddfa ac mae'n cynnwys melin wlân fasnachol. Mae'n dweud stori'r crysau a'r siolau, y gorchuddion gwely a'r blancedi a'r sanau o bob math a gâi eu gwneud yng Nghymru a'u gwerthu ar draws Cymru a'r byd.

Amgueddfa Genedlaethol y Glannau, Abertawe

Mae'r amgueddfa hon, a agorwyd ym mis Hydref 2005 yn ardal forol Abertawe, yn rhan o'r gwaith i adfywio ardal y glannau. Mae'n cynnwys peiriannau diwydiannol sylweddol o orffennol diwydiannol Cymru.

Amgueddfa Lechi Cymru, Llanberis

Mae wedi'i lleoli yn y gweithdai llechi Fictoraidd yn chwarel enfawr Dinorwig wrth droed mynydd Elidir. Mae llechi gogledd Cymru wedi toi miliynau o adeiladau ym Mhrydain ers y Chwyldro Diwydiannol. Mae yma inclein a melin ddŵr anferth, a bythynnod chwarelwyr o'r bedwaredd ganrif ar bymtheg a ailgodwyd ar y safle.

Big Pit: Amgueddfa Lofaol Cymru, Blaenafon

Chwaraeodd Blaenafon ran bwysig yn y Chwyldro Diwydiannol a weddnewidiodd dirwedd, diwylliant a thraddodiadau Cymru. Mae'r Pwll Mawr, sef y Big Pit, yn bwll glo go iawn lle mae glowyr profiadol yn mynd ag ymwelwyr 300 troedfedd o dan y ddaear iddynt gael profi sut fywyd a gâi'r miloedd o ddynion a weithiai yn y pyllau glo.

Mae **Llyfrgell Genedlaethol Cymru** yn un o'r chwe llyfrgell hawlfraint yn y DU. Mae yma gasgliad enfawr o weithiau am Gymru, a miloedd o lawysgrifau, dogfennau, lluniau, ffotograffau, mapiau ac archifau sain a ffilm. Gall y cyhoedd weld y rhain i gyd yn y llyfrgell yn Aberystwyth.

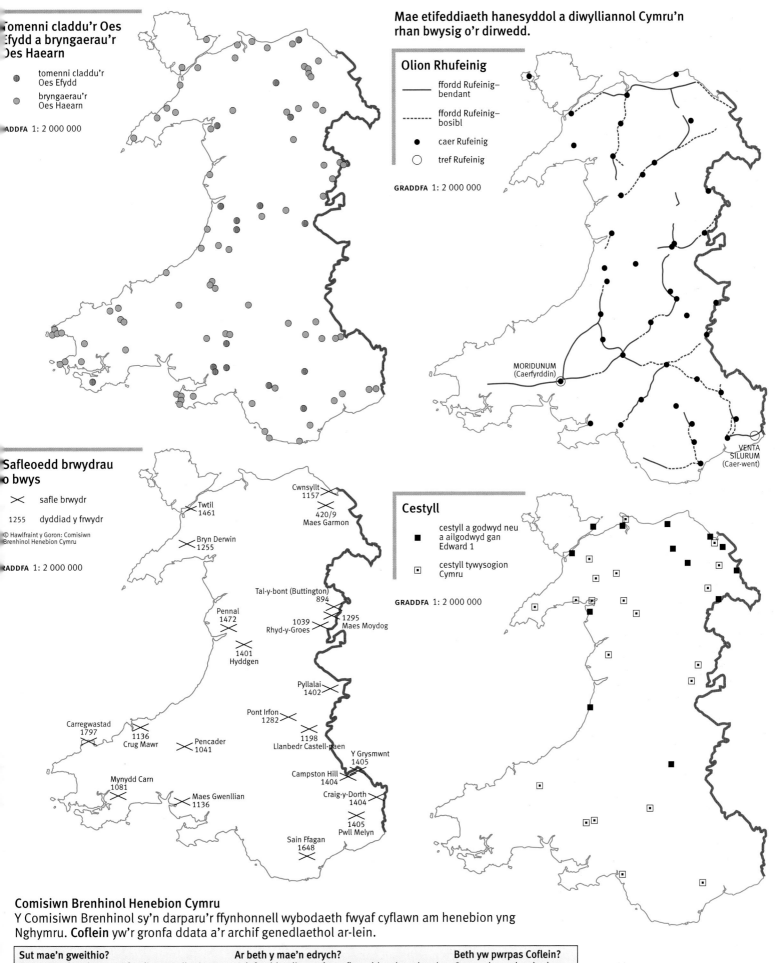

Tomenni claddu'r Oes Efydd a bryngaerau'r Oes Haearn

- ● tomenni claddu'r Oes Efydd
- ● bryngaerau'r Oes Haearn

GRADDFA 1: 2 000 000

Mae etifeddiaeth hanesyddol a diwylliannol Cymru'n rhan bwysig o'r dirwedd.

Olion Rhufeinig

- —— ffordd Rufeinig–bendant
- ---- ffordd Rufeinig–bosibl
- ● caer Rufeinig
- ○ tref Rufeinig

GRADDFA 1: 2 000 000

MORIDUNUM (Caerfyrddin)

VENTA SILURUM (Caer-went)

Safleoedd brwydrau o bwys

- ✕ safle brwydr
- 1255 dyddiad y frwydr

© Hawlfraint y Goron: Comisiwn Brenhinol Henebion Cymru

GRADDFA 1: 2 000 000

Cwnsyllt 1157

420/9 Maes Garmon

Twtil 1461

Bryn Derwin 1255

Tal-y-bont (Buttington) 894

Pennal 1472

1039 Rhyd-y-Groes

1295 Maes Moydog

1401 Hyddgen

Pyllalai 1402

Pont Irfon 1282

Carregwastad 1797

1136 Crug Mawr

Pencader 1041

1198 Llanbedr Castell-paen

Mynydd Carn 1081

Maes Gwenllian 1136

Y Grysmwnt 1405

Campston Hill 1404

Craig-y-Dorth 1404

1405 Pwll Melyn

Sain Ffagan 1648

Cestyll

- ■ cestyll a godwyd neu a ailgodwyd gan Edward 1
- ▣ cestyll tywysogion Cymru

GRADDFA 1: 2 000 000

Comisiwn Brenhinol Henebion Cymru

Y Comisiwn Brenhinol sy'n darparu'r ffynhonnell wybodaeth fwyaf cyflawn am henebion yng Nghymru. **Coflein** yw'r gronfa ddata a'r archif genedlaethol ar-lein.

Sut mae'n gweithio?
Trwy wneud arolygon, cofnodi, tynnu lluniau a dehongli ... a rhoi cyngor am wneud arolygon, dehongli, gwarchod a sicrhau cadwraeth henebion.

Ar beth y mae'n edrych?
Y defnydd o dir, y môr, safleoedd archaeolegol, adeiladau, tirweddau, adeiladau ... yn enwedig y rheini o bwysigrwydd cenedlaethol a lleol sydd dan fygythiad.

Beth yw pwrpas Coflein?
Creu a chynnal a chadw archif gynhwysfawr a mynegai cenedlaethol o safleoedd a henebion.

Oxford University Press   © Gwasg Prifysgol Rhydychen   Tafluniad Mercator Ardraws

Parciau Cenedlaethol ac Ardaloedd o Harddwch Naturiol Eithriadol

Parc Cenedlaethol

Ardal o Harddwch Naturiol Eithriadol

GRADDFA 1: 2 000 000

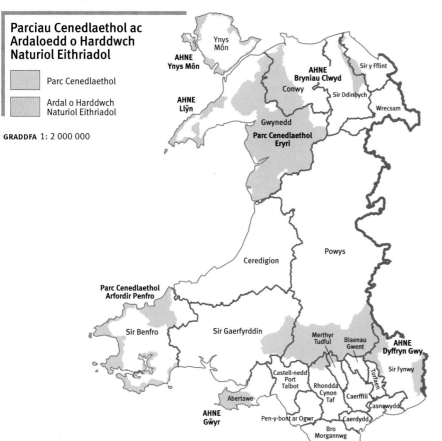

Mae llawer o dirweddau o ansawdd uchel sy'n cael eu diogelu yng Nghymru. Maent yn nodweddion pwysig ac maent yn gwella ansawdd bywyd, economi a chynaliadwyedd y wlad drwyddi draw.

Mae Parciau Cenedlaethol:

- yn diogelu'r tirweddau gorau a'u fordd neilltuol o fyw rhag datblygiadau amhriodol
- yn gwarchod a hybu harddwch naturiol a bywyd gwyllt
- yn gwarchod y dreftadaeth ddiwylliannol
- yn darparu cyfleoedd ar gyfer adloniant a thwristiaeth
- yn cefnogi ffyrdd gwledig o fyw a gweithgareddau economaidd yr ardal
- yn cael eu gweinyddu gan Awdurdodau Parciau Cenedlaethol annibynnol.

Mae ansawdd tirweddau **Ardaloedd o Harddwch Naturiol Eithriadol** mor arbennig fel ei bod o fudd cenedlaethol, yn ogystal â lleol, i'w gwarchod.

Ffynhonnell pob map ar dudalen 48 a 49:
Data wedi'i ddarparu gan yr Adran Gartograffeg, Llywodraeth Cynulliad Cymru ar sail data'r Arolwg Ordnans.
© Hawlfraint y Goron. Cedwir pob hawl. Rhif y drwydded 100000249

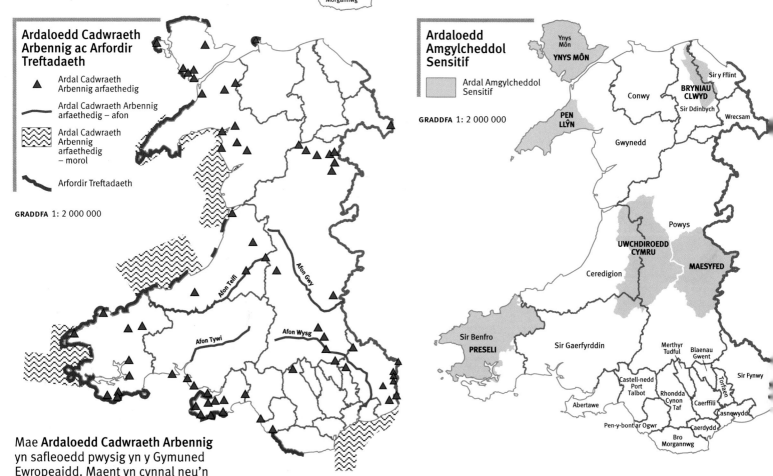

Ardaloedd Cadwraeth Arbennig ac Arfordir Treftadaeth

▲ Ardal Cadwraeth Arbennig arfaethedig

— Ardal Cadwraeth Arbennig arfaethedig – afon

Ardal Cadwraeth Arbennig arfaethedig – morol

Arfordir Treftadaeth

GRADDFA 1: 2 000 000

Ardaloedd Amgylcheddol Sensitif

Ardal Amgylcheddol Sensitif

GRADDFA 1: 2 000 000

Mae **Ardaloedd Cadwraeth Arbennig** yn safleoedd pwysig yn y Gymuned Ewropeaidd. Maent yn cynnal neu'n adfer cynefinoedd naturiol ac yn gwarchod rhywogaethau bywyd gwyllt sydd dan fygythiad.

Mae **Arfordir Treftadaeth** yn bwysig oherwydd ei harddwch naturiol neu am resymau gwyddonol. Mae 500 cilometr o arfordir Cymru wedi cael ei ddynodi'n Arfordir Treftadaeth. Caiff ei reoli er mwyn cadw ei harddwch naturiol a gwella hygyrchedd i ymwelwyr.

Mae angen rheolaeth arbennig dros **Ardaloedd Amgylcheddol Sensitif** er mwyn gwarchod golygfeydd pwysig, adnoddau pysgod a bywyd gwyllt, a hefyd adnoddau hanesyddol a diwylliannol.

ae **Ardaloedd Gwarchodaeth Arbennig** Gyfarwyddeb Adar) yn gynefinoedd pwysig gyfer adar sy'n gaeafu, bridio a mudo a ywogaethau sydd mewn perygl.

tundeb rhyngwladol yw **Confensiwn Ramsar** gyfer gwarchod gwlyptiroedd a'u defnyddio ewn modd cynaliadwy. Nod y Confensiwn yw:

atal colli gwlyptiroedd

cyfyngu ar weithgarwch dynol ar wlyptiroedd

gwarchod ecoleg gwlyptiroedd

cydnabod gwerth economaidd, diwylliannol, gwyddonol ac adloniadol gwlyptiroedd.

daloedd dynodedig sy'n bwysig o ran wyd gwyllt, neu nodweddion ddiddordeb daearegol neu ddiddordeb bennig arall yw **Gwarchodfeydd Natur**.

iff **Gwarchodfeydd Biosffer** eu dynodi gan efydliad Addysgol, Gwyddonol a Diwylliannol Cenhedloedd Unedig (*UNESCO*). Maent yn nolfannau bioamrywiaeth pwysig lle mae munedau lleol yn gweithio gyda grwpiau nchwil a monitro ac yn gwarchod a chadw stemau naturiol iach sydd dan fygythiad nlluniau datblygu.

ae 324 o warchodfeydd yn y byd ac mae er Afon Dyfi yn un ohonynt.

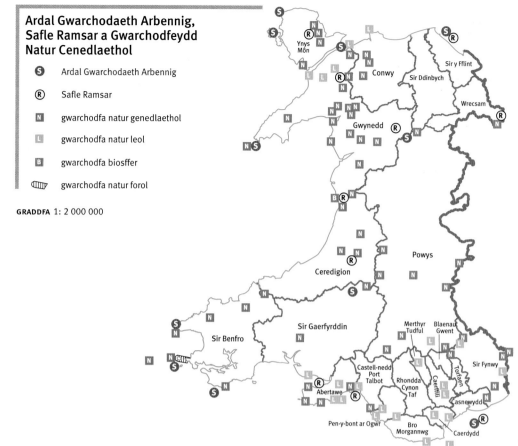

Ardal Gwarchodaeth Arbennig, Safle Ramsar a Gwarchodfeydd Natur Cenedlaethol

- **S** Ardal Gwarchodaeth Arbennig
- **R** Safle Ramsar
- **N** gwarchodfa natur genedlaethol
- **L** gwarchodfa natur leol
- **B** gwarchodfa biosffer
- gwarchodfa natur forol

GRADDFA 1: 2 000 000

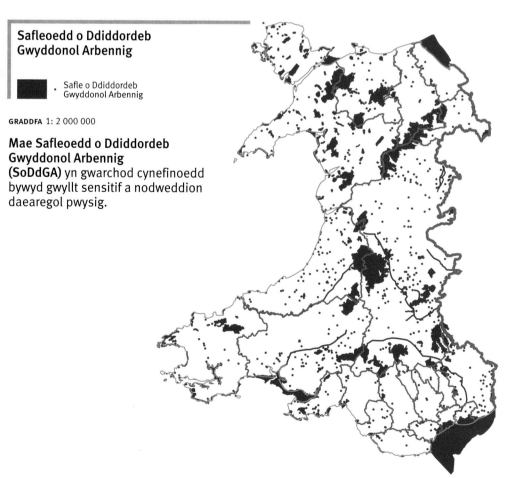

Safleoedd o Ddiddordeb Gwyddonol Arbennig

■ Safle o Ddiddordeb Gwyddonol Arbennig

GRADDFA 1: 2 000 000

Mae Safleoedd o Ddiddordeb Gwyddonol Arbennig (SoDdGA) yn gwarchod cynefinoedd bywyd gwyllt sensitif a nodweddion daearegol pwysig.

Afon Glaslyn, Parc Cenedlaethol Eryri

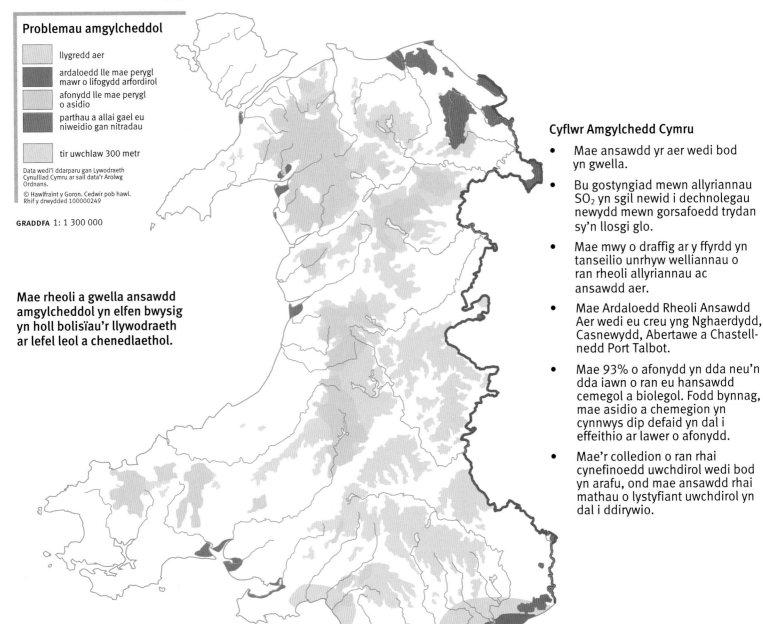

Problemau amgylcheddol

- llygredd aer
- ardaloedd lle mae perygl mawr o lifogydd arfordirol
- afonydd lle mae perygl o asidio
- parthau a allai gael eu niweidio gan nitradau
- tir uwchlaw 300 metr

Data wedi'i ddarparu gan Lywodraeth Cynulliad Cymru ar sail data'r Arolwg Ordnans.

© Hawlfraint y Goron. Cedwir pob hawl. Rhif y drwydded 100000249

GRADDFA 1: 1 300 000

Mae rheoli a gwella ansawdd amgylcheddol yn elfen bwysig yn holl bolisïau'r llywodraeth ar lefel leol a chenedlaethol.

Cyflwr Amgylchedd Cymru

- Mae ansawdd yr aer wedi bod yn gwella.

- Bu gostyngiad mewn allyriannau SO_2 yn sgil newid i dechnolegau newydd mewn gorsafoedd trydan sy'n llosgi glo.

- Mae mwy o draffig ar y ffyrdd yn tanseilio unrhyw welliannau o ran rheoli allyriannau ac ansawdd aer.

- Mae Ardaloedd Rheoli Ansawdd Aer wedi eu creu yng Nghaerdydd, Casnewydd, Abertawe a Chastell-nedd Port Talbot.

- Mae 93% o afonydd yn dda neu'n dda iawn o ran eu hansawdd cemegol a biolegol. Fodd bynnag, mae asidio a chemegion yn cynnwys dip defaid yn dal i effeithio ar lawer o afonydd.

- Mae'r colledion o ran rhai cynefinoedd uwchdirol wedi bod yn arafu, ond mae ansawdd rhai mathau o lystyfiant uwchdirol yn dal i ddirywio.

Newidiadau mewn cynefinoedd

gwelliant	dirywiad
Mae gwelyau cyrs yn cynyddu o ran maint ac mae eu cyflwr yn gwella o ganlyniad i brojectau adfer.	Mae afonydd ac ynddynt fasnau gro wedi dirywio oherwydd asidio, dip defaid a maetholion yn tryddiferu o dir sy'n cael ei ffermio.
Mae mwy o amrywiaeth o rywogaethau i'w gweld ar ymylon caeau a chnydau ynddynt o ganlyniad i gynlluniau Tir Gofal.	Mae coetiroedd ffawydd ac yw yn dirywio yn sgil newid yn yr hinsawdd a chynnydd yn y nifer o geirw.
Mae rhosydd ucheldirol yn cael eu gwarchod a'u rheoli fel bod y dirywiad yn arafu. Mae rheolaeth wael o hyd mewn mannau.	Mae glaswellt y gweunydd a phorfeydd yn dal i ddirywio. Mae'r dirywiad yn arafu gan fod llai o ffermwyr yn draenio eu tir.

Rheoli gwastraff a gwaredu carthion, cloddio mwynau, llygredd a'r galw cynyddol am ddŵr

Ymateb i effeithiau posibl newid yn yr hinsawdd, yn cynnwys llifogydd, colli cynefinoedd, rhywogaethau a'r cyflenwad dŵr

Heriau amgylcheddol allweddol

Gwarchod amgylcheddau arbennig yn ogystal â defnyddio amgylcheddau presennol er budd poblogaethau'r presennol a'r dyfodol

Ôl-troed byd-eang gwahanol weithgareddau yng Nghymru (hectarau byd-eang y person)

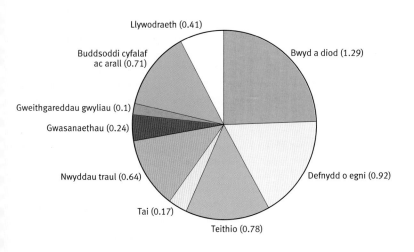

- Llywodraeth (0.41)
- Buddsoddi cyfalaf ac arall (0.71)
- Gweithgareddau gwyliau (0.1)
- Gwasanaethau (0.24)
- Nwyddau traul (0.64)
- Tai (0.17)
- Teithio (0.78)
- Defnydd o egni (0.92)
- Bwyd a diod (1.29)

Mae'r 'Ôl-troed Byd-eang' yn fesur o'r effaith a gawn ar yr amgylchedd naturiol wrth i ni ddefnyddio adnoddau yn ein bywydau bob dydd a chynhyrchu gwastraff.

Faint o dir a môr 'cynhyrchiol' y mae eu hangen ar gyfer ein ffordd o fyw sy'n creu ein hôl-troed byd-eang. Mae amcangyfrifon yn awgrymu y gall y Ddaear ddarparu 1.8 uned o arwynebedd cynaliadwy (hectarau byd-eang) y person.

Yng Nghymru yn 2005 cafodd 5.25 hectar byd-eang y person ei ddefnyddio. Mae hynny'n 15.2 miliwn hectar o dir ar gyfer poblogaeth Cymru gyfan.

Mae hyn yn cymharu ag ôl troed byd-eang o:

5.35	hectar byd-eang y person yn y DU
0.5	hectar byd-eang y person yn Bangladesh
9.7	hectar byd-eang y person yn UDA
1.8	hectar byd-eang y person i'r byd cyfan.

Pe bai pawb yn y byd yn byw fel person cyffredin o Gymru, byddai angen tair planed arnom i gynnal y fath dreuliant.

Mae'n ofynnol yn ôl **Strategaeth Wastraff Cymru** bod Awdurdodau Lleol yn:

- lleihau faint o wastraff a gynhyrchir yn y flwyddyn 2010 i 10% o'r hyn a gynhyrchwyd ym 1998
- ailgylchu neu'n compostio 25% o'r gwastraff sy'n cael ei gynhyrchu erbyn 2010.

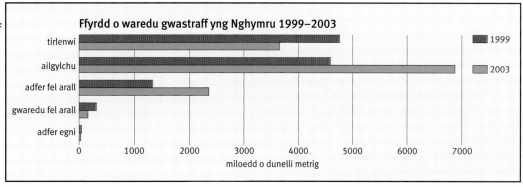

Ffyrdd o waredu gwastraff yng Nghymru 1999–2003

- tirlenwi
- ailgylchu
- adfer fel arall
- gwaredu fel arall
- adfer egni

miloedd o dunelli metrig

■ 1999
■ 2003

Ailgylchu yng Nghymru 2005 gwastraff trefol a ailgylchwyd neu a gompostiwyd

Awdurdod Lleol	Canran o'r gwastraff trefol a ailgylchwyd neu a gompostiwyd
Cymru	21.7
Ynys Môn	17.2
Blaenau Gwent	22.3
Pen-y-bont ar Ogwr	31.4
Caerffili	31.4
Caerdydd	10.4
Sir Gaerfyrddin	24.0
Ceredigion	30.8
Conwy	19.1
Sir Ddinbych	20.4
Sir y Fflint	21.6
Gwynedd	22.8
Merthyr Tudful	21.5
Sir Fynwy	24.3
Castell-nedd Port Talbot	14.0
Casnewydd	25.6
Sir Benfro	20.9
Powys	33.3
Rhondda Cynon Taf	15.6
Abertawe	25.3
Torfaen	15.9
Bro Morgannwg	26.4
Wrecsam	13.9

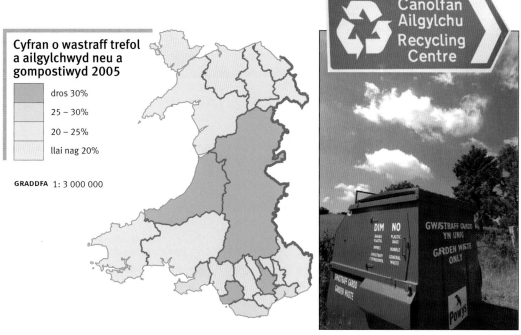

Cyfran o wastraff trefol a ailgylchwyd neu a gompostiwyd 2005

- dros 30%
- 25 – 30%
- 20 – 25%
- llai nag 20%

GRADDFA 1: 3 000 000

Mae adeiledd economi Cymru wedi cael ei weddnewid dros y 50 mlynedd ddiwethaf. Bu'n rhaid i bobl a chymunedau ledled y wlad ymdopi â newidiadau mawr.

Yng nghanol yr ugeinfed ganrif, roedd y diwydiant gweithgynhyrchu wedi'i ganoli'n bennaf lle roedd mwynau ar gael: yn ardaloedd diwydiannol Cymoedd y de, ac ar wastadeddau arfordirol de a gogledd-ddwyrain Cymru.

Mae'r hen ddiwydiannau trwm yng Nghymru bellach wedi diflannu ac yn eu lle daeth diwydiannau ysgafn, newydd sy'n defnyddio technolegau modern, arloesol. Mae hyn wedi effeithio ar y mathau o swyddi yng Nghymru. Bu:

- dirywiad mewn swyddi mwyngloddio, cynhyrchu metelau a thecstilau
- cynnydd mewn swyddi bancio a chyllid
- cynnydd mewn swyddi dosbarthu a thwristiaeth.

Mae'r newidiadau cyflogaeth wedi digwydd y bennaf mewn ardaloedd neilltuol, gan gynyddu'r effaith a'i gwneud yn fwy anodd i Awdurdodau Lleol ymdrin â'r sefyllfa. Un arwydd o hyn yw'r cyferbyniad mewn cyfraddau cyflogaeth rhwng gwahanol ardaloedd, er enghraifft rhwng Merthyr Tudfu a Phowys.

Mae cyfraddau gweithgaredd economaidd hefyd yn dangos gwahaniaethau sylweddol ar draws Cymru.

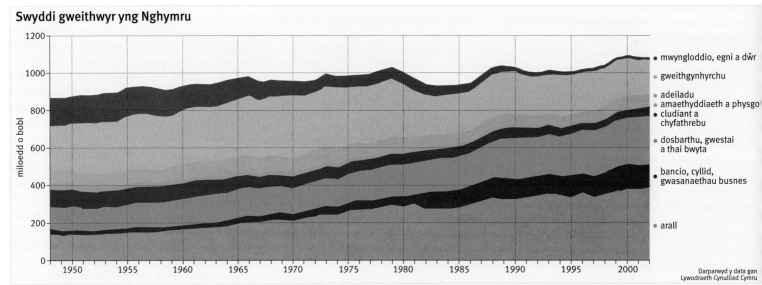

Swyddi gweithwyr yng Nghymru

y echel-y: miloedd o bobl

- mwyngloddio, egni a dŵr
- gweithgynhyrchu
- adeiladu
- amaethyddiaeth a physgo
- cludiant a chyfathrebu
- dosbarthu, gwestai a thai bwyta
- bancio, cyllid, gwasanaethau busnes
- arall

Darparwyd y data gan Lywodraeth Cynulliad Cymru

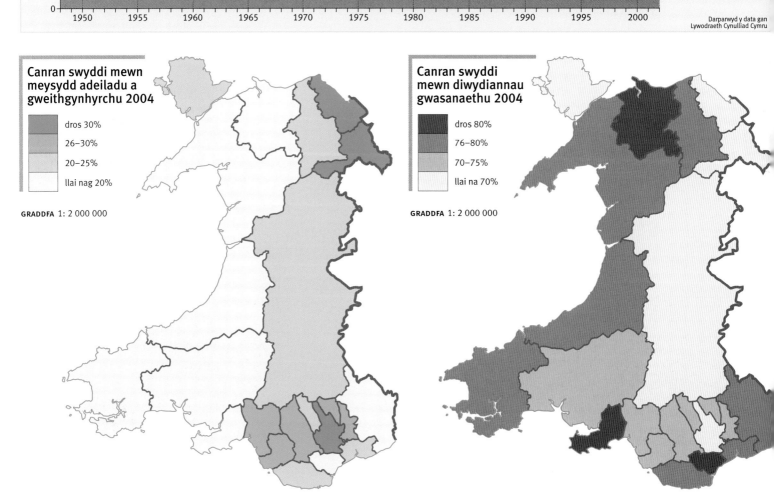

Canran swyddi mewn meysydd adeiladu a gweithgynhyrchu 2004

- dros 30%
- 26–30%
- 20–25%
- llai nag 20%

GRADDFA 1: 2 000 000

Canran swyddi mewn diwydiannau gwasanaethu 2004

- dros 80%
- 76–80%
- 70–75%
- llai na 70%

GRADDFA 1: 2 000 000

Tafluniad Mercator Ardraws   © Gwasg Prifysgol Rhydychen   © Oxford University Pr

e'r graffiau hyn yn dangos pwysigrwydd
nharol mentrau o wahanol faint
Nghymru.

e menter yn golygu unrhyw gwmni sector
ifat ac mae'n cynnwys busnesau un
son, partneriaethau, cyrff preifat di-elw,
ndeithasau cydfuddiannol, corfforaethau
oeddus a chyrff gwladoledig. (Nid yw
ydliadau Llywodraeth Leol a Chanolog yn
l eu cynnwys.) Cyfrif yw'r data o'r holl
trau sy'n weithredol yng Nghymru, yn
nwys y rheini sydd â gweithfeydd eraill
allan i Gymru.

Canran y mentrau o wahanol faint yng Nghymru 2003

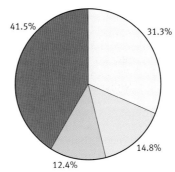

4.2% 1.0% 0.9%
93.8%

Canran y gweithlu mewn mentrau o wahanol faint yng Nghymru 2003

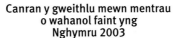
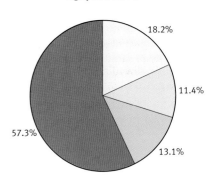

41.5%   31.3%
12.4%   14.8%

Cyfran ganrannol o drosiant yr holl fentrau yng Nghymru 2003

18.2%
11.4%
57.3%
13.1%

yfraniad diwydiannau i economi ymru (canran o'r holl incwm a illir) 1997 a 2003

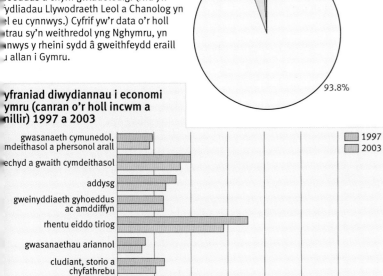

- gwasanaeth cymunedol, mdeithasol a phersonol arall
- echyd a gwaith cymdeithasol
- addysg
- gweinyddiaeth gyhoeddus ac amddiffyn
- rhentu eiddo tiriog
- gwasanaethau ariannol
- cludiant, storio a chyfathrebu
- gwestai a thai bwyta
- masnach cyfanwerthu ac adwerthu
- adeiladu
- cyflenwi trydan, nwy a dŵr
- gweithgynhyrchu
- mwyngloddio a chwarela
- amaethyddiaeth a choedwigaeth

0   5   10   15   20   25   30 y cant

■ 1997
■ 2003

Nifer y gweithwyr ym mhob band maint

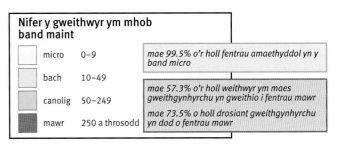

	micro	0–9
	bach	10–49
	canolig	50–249
	mawr	250 a throsodd

mae 99.5% o'r holl fentrau amaethyddol yn y band micro

mae 57.3% o'r holl weithwyr ym maes gweithgynhyrchu yn gweithio i fentrau mawr

mae 73.5% o holl drosiant gweithgynhyrchu yn dod o fentrau mawr

Cymariaethau â'r DU

band maint (nifer y gweithwyr)	cyfran % o'r holl fentrau		cyfran % o'r holl weithlu		cyfran % o'r holl drosiant	
	Cymru	Y DU	Cymru	Y DU	Cymru	Y DU
micro (0–9)	93.8	94.5	31.3	28.2	18.2	19.2
bach (10–49)	4.2	4.5	14.8	15.1	11.4	15.1
canolig (50–249)	1.0	0.8	12.4	13.3	13.1	15.6
mawr (250+)	0.9	0.2	41.5	43.4	57.3	50.1

nillion wythnosol cyfartalog 2006

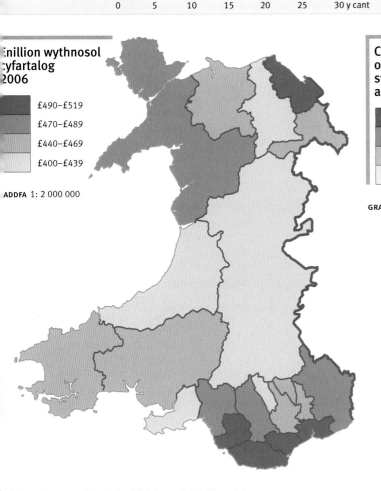

	£490–£519
	£470–£489
	£440–£469
	£400–£439

ADDFA 1: 2 000 000

Canran o'r rhai o oedran gweithio sy'n economaidd anweithgar 2005

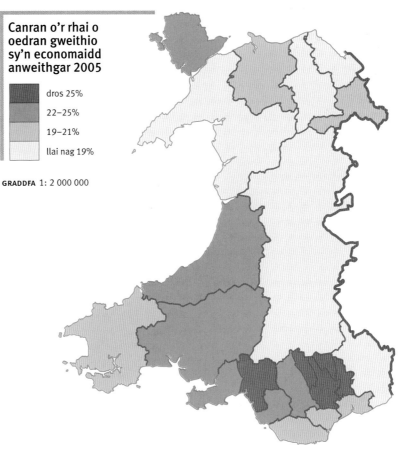

	dros 25%
	22–25%
	19–21%
	llai nag 19%

GRADDFA 1: 2 000 000

Oxford University Press   © Gwasg Prifysgol Rhydychen   Tafluniad Mercator Ardraws

Roedd twf y diwydiannau trwm yng Nghymru – haearn a dur yn ne Cymru'n arbennig – yn seiliedig ar adnoddau glo golosg a mwyn haearn hawdd i'w mwyngloddio yn y Cymoedd.

Ym 1860 roedd dros ddeg ar hugain o weithfeydd haearn a daeth trefi'r Cymoedd yn ddibynnol iawn arnynt am gyflogaeth. Wrth i'r adnoddau mwynol ddarfod ac i'r diwydiant dur newid ar draws y byd, daeth sylfaen economaidd de Cymru dan fygythiad.

Roedd diwydiant dur y DU yn adlewyrchu'r sefyllfa yng Nghymru. Symudodd y gwaith o gynhyrchu dur i'r arfordir ac erbyn hyn mae technoleg newydd wedi ei wneud yn llawer mwy effeithlon.

Bellach, mae dur yn cael ei gynhyrchu gyda chyfran fach iawn o'r gweithlu roedd ei angen yn y 1970au. Mae ar y diwydiant angen buddsoddiad cyson er mwyn parhau i fod yn gystadleuol yn fyd-eang.

Yn y cyfamser, yn y Cymoedd, mae'r amgylchedd wedi cael ei weddnewid wrth i weithfeydd haearn a dur gau.

Gwaith dur Glynebwy

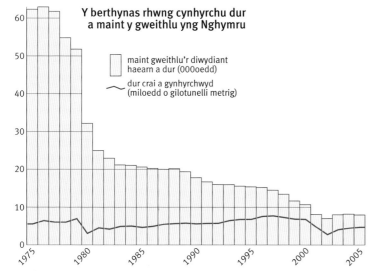
Y berthynas rhwng cynhyrchu dur a maint y gweithlu yng Nghymru

☐ maint gweithlu'r diwydiant haearn a dur (000oedd)

〜 dur crai a gynhyrchwyd (miloedd o gilotunelli metrig)

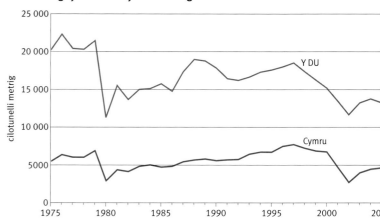
Dur crai a gynhyrchwyd yng Nghymru a'r Deyrnas Unedig

cilotunelli metrig

Y DU

Cymru

Technium OpTIC, Parc Busnes Llanelwy

Gwasanaethau Peiriannau Awyrennau GE yn Nantgarw

Mae diwydiannau gweithgynhyrchu ysgafn yn rhan bwysig o economi Cymru. Mae 1500 o gwmnïau yn y wlad yn cyflogi 75 000 o bobl. Mae Cymru hefyd yn un o'r rhanbarthau cyflenwi rhannau ceir mwyaf datblygedig yn y DU. Mae yma dros 150 o gwmnïau modurol, yn cyflogi 25 000 o bobl gyda gwerthiant o £2 biliwn y flwyddyn.

Mae economi Cymru wedi newid i fod yn dechnolegol ddatblygedig. Mae'r diwydiannau allweddol newydd yn seiliedig ar electroneg uwch-dechnolegol, awyrofod, telathrebu a pheirianneg.

Mae'r diwydiannau telathrebu a'r cyfryngau yn gyflogwyr allweddol yn ne Cymru. Maent yn cynnwys brandiau byd-eang fel BT, Vodafone, T-mobile ac NTL sydd i gyd â safleoedd ynghyd â chanolfannau galwadau yng Nghymru. Mae gan Gymru ddiwydiant teledu arloesol ar ffurf S4C digidol, ac un o'r rhwydweithiau cebl digidol mwyaf soffistigedig ac eang yn y DU.

Fel llawer o genhedloedd diwydiannol eraill, mae buddsoddiad o'r tu allan gan gwmnïau o bob rhan o'r byd yn hollbwysig i economi Cymru wrth iddo newid. Am bob swydd newydd sy'n cael ei chreu o ganlyniad i fuddsoddiad o'r tu allan, mae rhagor yn cael eu creu trwy'r gwasanaethau bob dydd y mae ar y cwmnïau hyn eu hangen.

Mae Llywodraeth Cynulliad Cymru yn gweithio'n ddiwyd i ddenu buddsoddwyr trwy sefydlu rhwydwaith cryf o sefydliadau cymorth. Yn 2004 denodd Cymru dros 12% o'r holl swyddi newydd a ddaeth i'r DU.

Cyfran Cymru o'r farchnad yn sgil buddsoddiad o Ewrop yn y Deyrnas Unedig

	Swyddi newydd a grëwyd		Projectau		Cyfanswm swyddi		Swyddi a ddiogelwyd	
	nifer o swyddi	canran o gyfanswm y DU yng Nghymru	nifer o brojectau	canran o gyfanswm y DU yng Nghymru	nifer o swyddi*	canran o gyfanswm y DU yng Nghymru	nifer o swyddi*	canran o gyfanswm y DU yng Nghymru
1999–2000	1383	14.3	17	7.3	2354	6.7	971	3.8
2000–2001	2335	13.0	16	6.4	2672	9.4	337	3.2
2001–2002	1485	12.1	24	9.4	2619	13.0	1134	14.3
2002–2003	1838	15.2	24	11.7	3647	21.5	1809	37.2
2003–2004	1834	19.9	28	10.1	3321	14.9	1487	11.4
2004–2005	1044	8.4	18	6.0	1269	4.9	225	1.7
2005–2006	1420	13.3	15	4.1	1995	9.4	575	5.4

*Nifer o swyddi yng Nghymru a gynhaliwyd gan fuddsoddiad o'r tu allan

*Mae'r rhain yn swyddi a fyddai wedi bod dan fygythiad, er enghraifft mewn cyd-fentrau, ond y sicrhawyd eu dyfodol yn sgil buddsoddiad o'r tu allan

Rhwydwaith TGCh cyflymder uchel y sector cyhoeddus

Mae Strategaeth Cymru Ar-Lein yn hyrwyddo cyfleoedd TGCh ledled Cymru.

Mae rhwydweithiau cyflymder-uchel pwrpasol yn cysylltu cyrff sector cyhoeddus ar draws Cymru.

Mae yna hefyd rwydwaith sy'n cysylltu'r holl barciau busnes mawr.

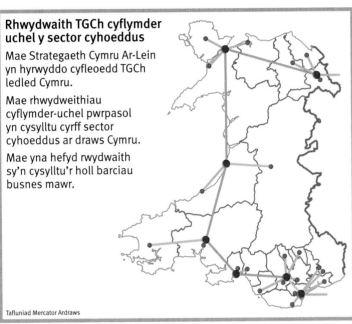

Tafluniad Mercator Ardraws

Buddsoddwyr UE tramor yng Nghymru a'r wlad y maent yn tarddu ohoni

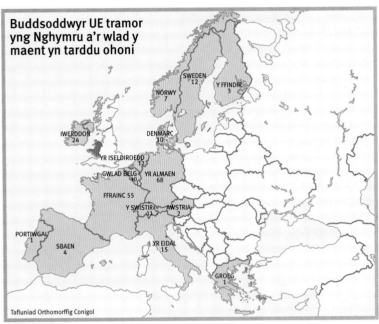

SWEDEN 12
NORWY 7
Y FFINDIR 3
IWERDDON 24
DENMARC 10
YR ISELDIROEDD 12
GWLAD BELG 40
YR ALMAEN 68
FFRAINC 55
Y SWISTIR 11
AWSTRIA 2
PORTIWGAL 1
SBAEN 4
YR EIDAL 15
GROEG 1

Tafluniad Orthomorffig Conigol

Gwariant ymchwil a datblygu yng Nghymru 2004

(mewn miliynau)

Addysg uwch	£17.5
Busnes a menter	£ 26.4
£ 4.5 Llywodraeth a chynghorau ymchwil	

Cyfanswm £48.3 miliwn

Buddsoddwyr yng Nghymru o'r tu hwnt i Ewrop

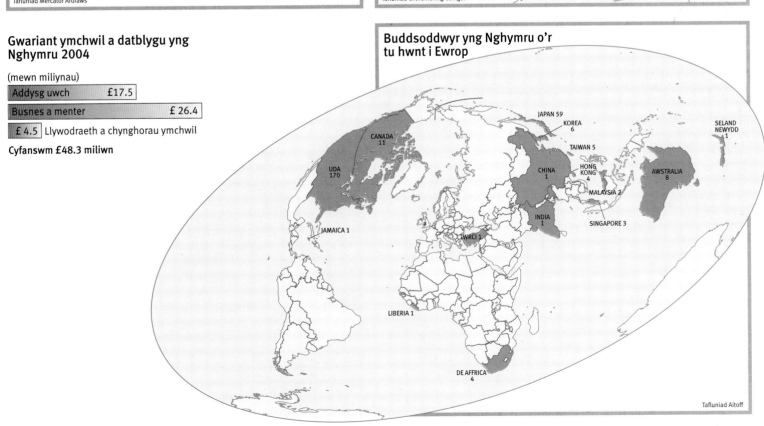

JAPAN 59
KOREA 6
TAIWAN 5
SELAND NEWYDD 1
CANADA 11
UDA 170
CHINA 1
HONG KONG 4
AWSTRALIA 8
MALAYSIA 2
INDIA 1
SINGAPORE 3
JAMAICA 1
TWRCI 1
LIBERIA 1
DE AFFRICA 4

Tafluniad Aitoff

Mae datblygiad cynaliadwy i Gymru yn elfen bwysig yng nghynllun strategol Llywodraeth Cynulliad Cymru.

Mae sawl dangosydd yn yr atlas hwn yn dangos fel y mae anghenion economaidd lleoedd yng Nghymru yn gallu bod yn wahanol iawn. Mae cysylltiad agos rhwng rhai rhannau o Gymru a gweithgareddau economaidd byd-eang ond mae gan rannau eraill sylfaen economaidd leol gref. Mae angen i bolisïau economaidd ymdrin â'r naill fath o ddatblygu a'r llall. Weithiau mae'n anodd datrys y tensiynau rhwng pryderon amgylcheddol a chyfleoedd datblygu economaidd.

Nod Llywodraeth y Cynulliad yw
- hyrwyddo mwy o gydraddoldeb
- creu rhagor o swyddi
- gwella'r amgylchedd
- annog partneriaeth
- hybu cynaliadwyedd.

Mae strategaethau newydd yn cael eu datblygu ar gyfer
- rheoli gwastraff ac ansawdd aer
- effeithlonrwydd egni
- egni glân fel trydan sy'n cael ei gynhyrchu gan wynt.

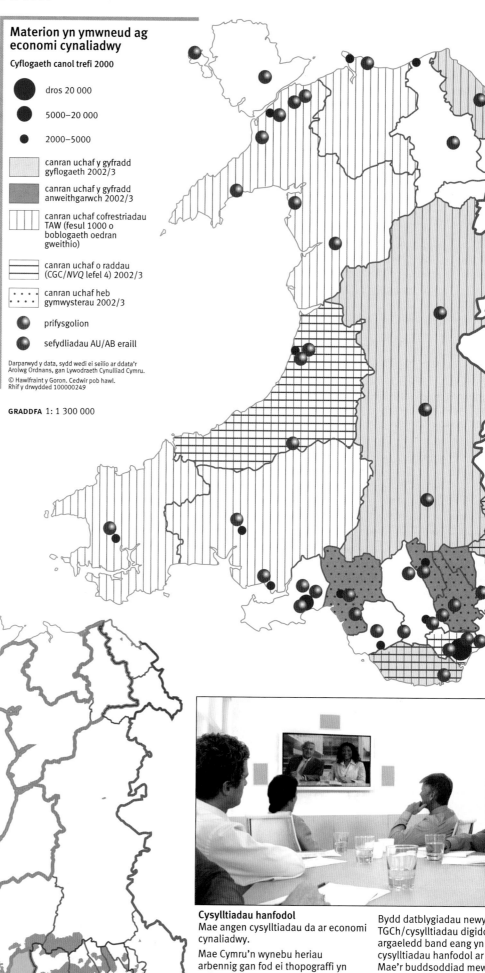

Materion yn ymwneud ag economi cynaliadwy

Cyflogaeth canol trefi 2000

- ⬤ dros 20 000
- ● 5000–20 000
- • 2000–5000

- canran uchaf y gyfradd gyflogaeth 2002/3
- canran uchaf y gyfradd anweithgarwch 2002/3
- canran uchaf cofrestriadau TAW (fesul 1000 o boblogaeth oedran gweithio)
- canran uchaf o raddau (CGC/*NVQ* lefel 4) 2002/3
- canran uchaf heb gymwysterau 2002/3
- ⬤ prifysgolion
- ⬤ sefydliadau AU/AB eraill

Darparwyd y data, sydd wedi ei seilio ar ddata'r Arolwg Ordnans, gan Lywodraeth Cynulliad Cymru.
© Hawlfraint y Goron. Cedwir pob hawl.
Rhif y drwydded 100000249

GRADDFA 1: 1 300 000

Ardaloedd â chyfradd gyflogaeth uchel 2001

- bancio, cyllid ac yswiriant
- gweithgynhyrchu
- gweinyddiaeth gyhoeddus, iechyd ac addysg

Salwch cyfyngus hirdymor 2001

- ardaloedd lle mae gan dros 30% o'r boblogaeth (fesul adran etholiadol) salwch cyfyngus hirdymor

Darparwyd y data, sydd wedi ei seilio ar ddata'r Arolwg Ordnans, gan Lywodraeth Cynulliad Cymru.
© Hawlfraint y Goron. Cedwir pob hawl.
Rhif y drwydded 100000249

GRADDFA 1: 2 000 000

Cysylltiadau hanfodol

Mae angen cysylltiadau da ar economi cynaliadwy.

Mae Cymru'n wynebu heriau arbennig gan fod ei thopograffi yn cyfyngu ar y rhwydweithiau ffyrdd a rheilffyrdd ac yn tueddu i olygu amseroedd teithio hirach.

Bydd datblygiadau newydd ym maes TGCh/cysylltiadau digidol ac o ran argaeledd band eang yn darparu cysylltiadau hanfodol ar draws y wlad. Mae'r buddsoddiad mewn fideo-gynadledda a'r twf yn y maes hwnnw yn un ffordd o helpu i oresgyn y problemau cyfathrebu ar draws Cymru.

ae rhannau helaeth o Gymru
gymwys i gael cymorth gan yr
deb Ewropeaidd (UE). Mae
vy ran o dair o boblogaeth
mru'n byw mewn Ardaloedd
atblygu lle gall busnesau fod
gymwys i gael cymorth ariannol
vy Gronfeydd Strwythurol y
misiwn Ewropeaidd.

w'r cyllid hwn trwy Lywodraeth
nulliad Cymru i helpu busnesau
yfu, yn enwedig yn y sector
snesau bach a chanolig eu
aint, ac i hyrwyddo Cymru
amor fel rhanbarth busnes.

nysg y grwpiau eraill sy'n cefnogi
snesau mae CBI Cymru, Cyswllt
snes Cymru, Siambrau Masnach
mru a Masnach Cymru
yngwladol.

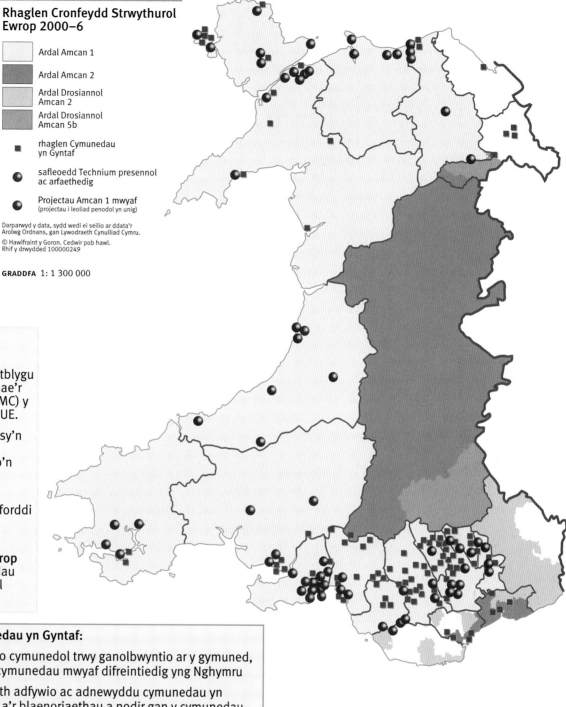

Rhaglen Cronfeydd Strwythurol Ewrop 2000–6

Ardal Amcan 1

Ardal Amcan 2

Ardal Drosiannol Amcan 2

Ardal Drosiannol Amcan 5b

■ rhaglen Cymunedau yn Gyntaf

● safleoedd Technium presennol ac arfaethedig

● Projectau Amcan 1 mwyaf (projectau i leoliad penodol yn unig)

Darparwyd y data, sydd wedi ei seilio ar ddata'r Arolwg Ordnans, gan Lywodraeth Cynulliad Cymru.
© Hawlfraint y Goron. Cedwir pob hawl.
Rhif y drwydded 100000249

GRADDFA 1: 1 300 000

Cymorth Rhanbarthol Ewropeaidd

Mae dwy lefel o gyllid Ewropeaidd:

cyllid Amcan 1: sy'n cynorthwyo datblygu economaidd mewn ardaloedd lle mae'r Cynnyrch Mewnwladol Crynswth (CMC) y pen yn llai na 75% o gyfartaledd yr UE.

cyllid Amcan 2: lefel uwch o gyllid, sy'n helpu i adfywio rhanbarthau y mae dirywiad diwydiannol wedi effeithio'n ddifrifol arnynt.

Mae dau fath o gymorth ar gael:

• **Cronfa Gymdeithasol Ewrop** i hyfforddi a chyflogi pobl sydd eisoes yn gyflogedig a phobl ddi-waith.

• **Cronfa Datblygu Rhanbarthol Ewrop** ar gyfer projectau a buddsoddiadau isadeiledd sy'n creu neu'n cynnal swyddi.

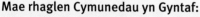 **Mae rhaglen Cymunedau yn Gyntaf:**

• yn ymdrin ag adfywio cymunedol trwy ganolbwyntio ar y gymuned, ac mae'n targedu'r cymunedau mwyaf difreintiedig yng Nghymru

• yn sicrhau bod gwaith adfywio ac adnewyddu cymunedau yn diwallu'r anghenion a'r blaenoriaethau a nodir gan y cymunedau hynny eu hunain, er mwyn i'r adnewyddu fod yn gynaliadwy

• yn pwysleisio ymrwymiad tymor hir Llywodraeth Cynulliad Cymru, Awdurdodau Lleol ac asiantaethau allweddol eraill i hyrwyddo partneriaethau gwirioneddol ar lefel leol.

● **Mae'r rhaglen Technium**
yn helpu diwydiannau uwch-dechnolegol i ddatblygu drwy ddarparu, dan un to:

• rwydwaith o gyfleusterau o'r radd flaenaf ar draws Cymru, a'r rheini'n cael eu gwasanaethu gan y ddarpariaeth technoleg gwybodaeth ac ystod band optig-ffibr diweddaraf

• timau sy'n rhoi cymorth busnes a chymorth technegol

• mynediad at gyfleusterau labordai arbenigol a mannau rhwydweithio cymunedol

• arbenigedd prifysgol a chysylltiadau â Chanolfannau Rhagoriaeth Ymchwil lleol ar gyfer projectau ymchwil a datblygu.

Safleoedd Technium yng Nghymru

Technium Abertawe	Datblygiad Glannau Abertawe
Technium Digidol	Prifysgol Abertawe
Technium Digidol@Sony	Canolfan Dechnoleg Sony, Pen-coed
Technium Peirianneg Perfformiad	Porth Llanelli
Technium Technolegau Cynaliadwy	Parc Ynni Baglan
Technium Aberystwyth	Marina Aberystwyth
Technium OpTIC	Parc Busnes Llanelwy
Technium CAST	Parc Menai, Bangor

Mae datblygu cynaliadwy yng Nghymru yn cynnwys cynyddu effeithlonrwydd egni a defnyddio llai o egni.

Mae Cymru'n cynhyrchu'r rhan fwyaf o'i hegni o danwydd ffosil a dim ond 2.6% o'r egni a gynhyrchir yng Nghymru sy'n dod o ffynonellau adnewyddadwy. Fodd bynnag, oherwydd tirwedd Cymru, mae potensial da i greu egni adnewyddadwy – gwynt, hydro, llanw a biomas.

Mae'r rhan fwyaf o anghenion egni pobl a busnesau Cymru yn cael eu diwallu gan drydan sy'n cael ei gynhyrchu gan fathau eraill o danwydd fel glo, olew, nwy a gwynt. Trydan yw'r dull cyflenwi mwyaf hwylus i boblogaeth wasgaredig dros dir uchel. Nid oes prif gyflenwad nwy ar gael i 44% o gartrefi yn ardaloedd gwledig Cymru.

Nod Llywodraeth Cynulliad Cymru yw gwneud Cymru yn 'esiampl fyd-eang' o ran cynhyrchu egni adnewyddadwy. Mae wedi gosod targedau o ran faint o'r galw am egni sydd i gael ei diwallu o ffynonellau adnewyddadwy: 10% erbyn 2010 ac 20% erbyn 2020.

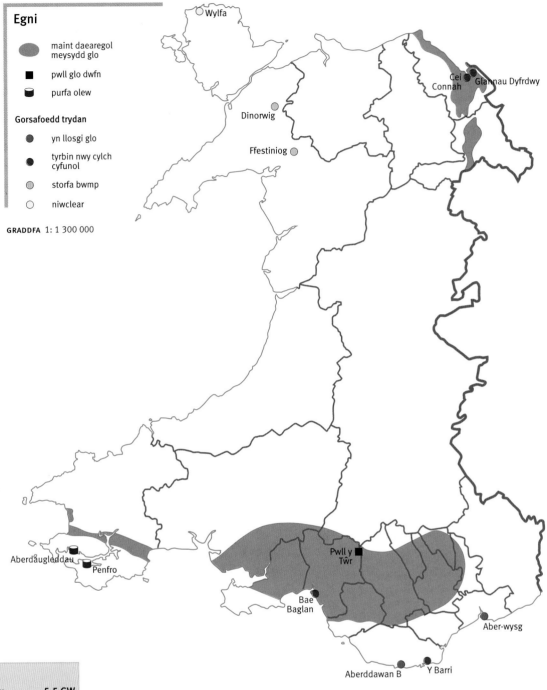

Egni

- maint daearegol meysydd glo
- ■ pwll glo dwfn
- purfa olew

Gorsafoedd trydan
- yn llosgi glo
- tyrbin nwy cylch cyfunol
- storfa bwmp
- ○ niwclear

GRADDFA 1: 1 300 000

Gallu cynhyrchu egni yng Nghymru

Cyfanswm gallu cynhyrchu egni yng Nghymru	**5.5 GW**
Gallu cynhyrchu egni niwclear	1.0 GW
Gallu cynhyrchu egni adnewyddadwy	0.33 GW
Cynhyrchu trydan o danwydd ffosil	33.5 TWh
Cynhyrchu egni adnewyddadwy	0.88 TWh

GW: gigawat – biliwn (mil o filiynau) o watiau

TWh: un TWh yw faint o drydan a gyflenwir pan gaiff un triliwn wat o bŵer trydanol ei gynhyrchu'n ddi-dor am awr (neu un biliwn wat am 1000 o oriau).

Ffynonellau cynhyrchu trydan i ateb y galw cyfredol

1260 MW Cei Connah (glo a nwy)	450 MW Aberddawan (glo)	660 MW Wylfa (niwclear)	420 MW ffermydd gwynt (wedi'u hadeiladu)

Y generadu sy'n ofynnol i ddiwallu'r galw am drydan ar hyn o bryd = 2200 megawat

Ffermydd gwynt weithredol yng nghymru 2006	Lleoliad	Nifer o dyrbinau	Cynhwysedd pŵer (MW)	Cynhwysedd cyflenwi*
ar y môr				
Gogledd Hoyle	Sir Ddinbych	30	60.0	33 549
ar y tir				
Ffynnon Oer	Powys	16	32.0	17 893
Mynydd Clogau	Powys	17	14.45	8080
Hafoty Ucha 3	Gwynedd	1	0.85	475
Tir Mostyn a Foel Goch	Sir Ddinbych	25	21.25	11 882
Cefn Croes	Ceredigion	39	58.5	32 710
Fferm Castle Pill	Sir Benfro	1	0.5	280
Llangwyryfon	Ceredigion	11	9.35	5228
Mawla	Conwy	1	1.3	727
Moel Maelogen	Conwy	2	2.6	1454
Hafoty Ucha 2	Gwynedd	2	1.7	951
Blaen Bowi	Sir Gaerfyrddin	3	3.9	2181
Cemais	Powys	18	15.3	8555
Parc Cynog	Sir Gaerfyrddin	5	3.6	2013
Hafoty Ucha 1	Gwynedd	1	0.6	335
Mynydd Gorddu	Ceredigion	19	10.2	5703
Llyn Alaw	Ynys Môn	34	20.4	11 407
Y Ganolfan Dechnoleg Amgen	Powys	1	0.6	335
Rheidol	Ceredigion	8	2.4	1342
Carno A a B	Powys	56	33.6	18 787
Trysglwyn	Ynys Môn	14	5.6	3131
Dyffryn Brodyn	Sir Gaerfyrddin	11	5.5	3075
Bryn Titli	Powys	22	9.9	5536
Taf-Elái	Rhondda Cynon Taf	20	9	5032
Llandinam P & L	Powys	103	30.9	17 278
Rhyd-y-Groes	Ynys Môn	24	7.2	4026

Ffynhonnell: British Wind Energy Association

*amcangyfrif o'r nifer o gartrefi y gellir eu cyflenwi â thrydan a gynhyrchwyd â gwynt mewn blwyddyn.

Ffermydd gwynt

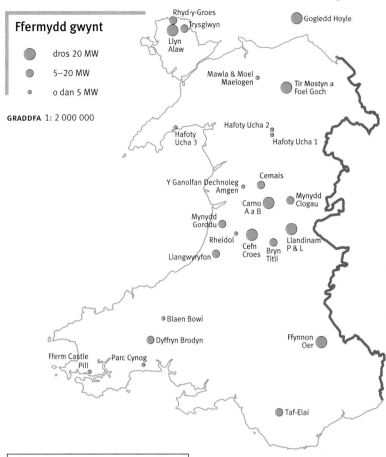

- ● dros 20 MW
- ● 5–20 MW
- • o dan 5 MW

GRADDFA 1: 2 000 000

Rhyd-y-Groes · Trysglwyn · Gogledd Hoyle · Llyn Alaw · Mawla & Moel Maelogen · Tir Mostyn a Foel Goch · Hafoty Ucha 2 · Hafoty Ucha 3 · Hafoty Ucha 1 · Cemais · Y Ganolfan Dechnoleg Amgen · Mynydd Clogau · Carno A a B · Mynydd Gorddu · Rheidol · Cefn Croes · Bryn Titli · Llandinam P & L · Llangwyryfon · Blaen Bowi · Dyffryn Brodyn · Ffynnon Oer · Fferm Castle Pill · Parc Cynog · Taf-Elái

Safleoedd egni adnewyddadwy 2006

- ■ hydro
- ■ nwy tirlewni
- □ biomas

GRADDFA 1: 2 000 000

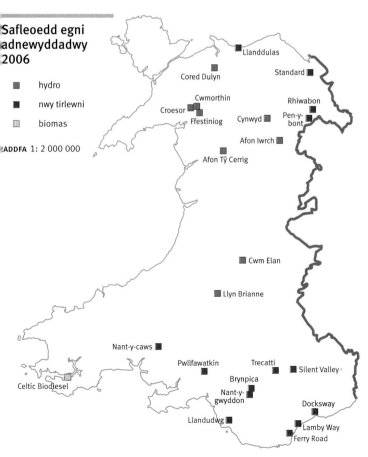

Llanddulas · Cored Dulyn · Standard · Cwmorthin · Rhiwabon · Croesor · Ffestiniog · Pen-y-bont · Cynwyd · Afon Iwrch · Afon Tŷ Cerrig · Cwm Elan · Llyn Brianne · Nant-y-caws · Pwllfawatkin · Trecatti · Silent Valley · Brynpica · Celtic Biodiesel · Nant-y-gwyddon · Docksway · Llandudwg · Lamby Way · Ferry Road

Cynhyrchu egni adnewyddadwy yn y Deyrnas Unedig

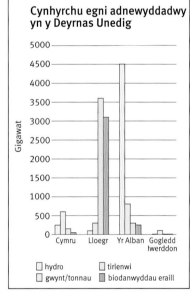

Gigawat

Cymru · Lloegr · Yr Alban · Gogledd Iwerddon

- □ hydro
- □ tirlenwi
- □ gwynt/tonnau
- ■ biodanwyddau eraill

Tyrbinau gwynt, de Cymru

Fferm wynt, Ynys Môn

Oxford University Press   © Gwasg Prifysgol Rhydychen   Tafluniad Mercator Ardraws

Prif lwybrau a chyrchfannau 2001

Mae prif lwybrau yn llunio rhwydwaith o lwybrau trwodd sy'n ychwanegu at y system draffyrdd

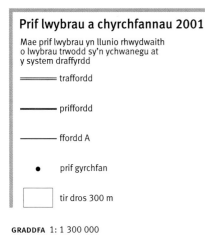

≡≡≡	traffordd
▬▬▬	priffordd
───	ffordd A
●	prif gyrchfan
▢	tir dros 300 m

GRADDFA 1: 1 300 000

Topograffi Cymru sy'n effeithio'n bennaf ar ei rhwydweithiau cludiant.

Mae'r prif goridorau cludiant yn rhedeg o'r gorllewin i'r dwyrain ar hyd arfordir y gogledd ac arfordir y de. Mae llawer o lwybrau eraill yng Nghymru nad ydynt yn rhai uniongyrchol a gallant arwain at amserau teithio hir ar y ffyrdd a'r rheilffyrdd.

Ceir llawer o dagfeydd mewn mannau yng nghyffiniau Caerdydd, Casnewydd, Glannau Dyfrdwy a Phont Britannia dros y Fenai.

Pont dros Afon Wysg, Casnewydd

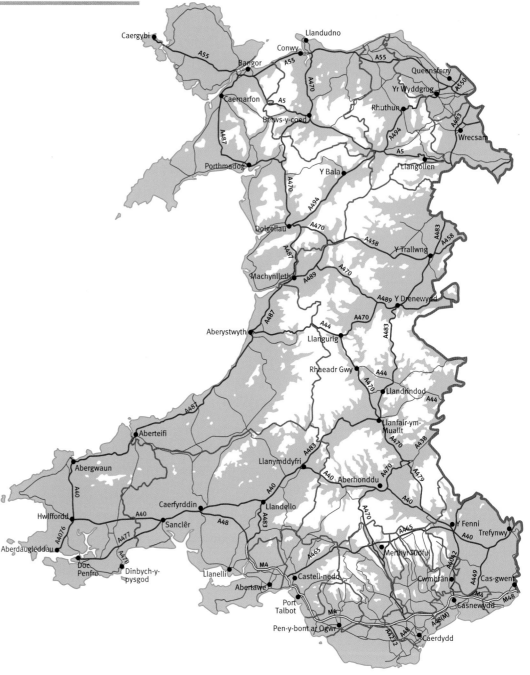

Twf traffig ar ffyrdd Cymru 1993–2005

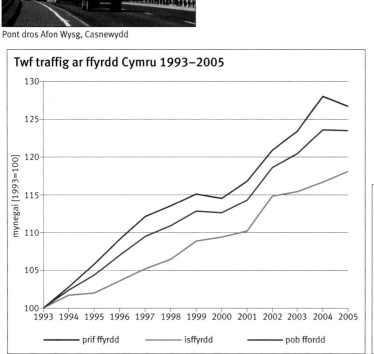

mynegai [1993=100]

prif ffyrdd — isffyrdd — pob ffordd

Llif cyfartalog cerbydau y dydd yn ôl dosbarth o ffordd a math o gerbyd 2003

	traffordd	cefnffyrdd	ffyrdd sirol	pob priffordd	isffyrdd
beiciau modur	260	80	60	70	10
ceir a thacsis	50 780	8940	6690	8794	750
bysiau a bysiau moethus	270	70	80	80	10
faniau ysgafn	7630	1330	860	1250	140
cerbydau nwyddau	6400	780	280	660	20
pob cerbyd modur	**65 340**	**11 210**	**7970**	**11 010**	**940**
beiciau	0	10	10	10	10

Amserau teithio yng Nghymru 2005

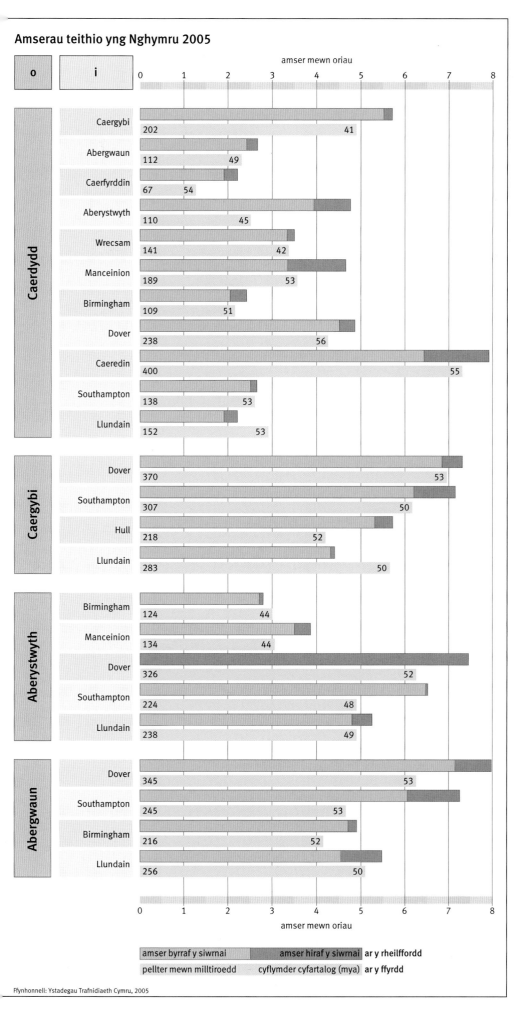

amser mewn oriau

o	i
Caerdydd	Caergybi — 202 / 41
	Abergwaun — 112 / 49
	Caerfyrddin — 67 / 54
	Aberystwyth — 110 / 45
	Wrecsam — 141 / 42
	Manceinion — 189 / 53
	Birmingham — 109 / 51
	Dover — 238 / 56
	Caeredin — 400 / 55
	Southampton — 138 / 53
	Llundain — 152 / 53
Caergybi	Dover — 370 / 53
	Southampton — 307 / 50
	Hull — 218 / 52
	Llundain — 283 / 50
Aberystwyth	Birmingham — 124 / 44
	Manceinion — 134 / 44
	Dover — 326 / 52
	Southampton — 224 / 48
	Llundain — 238 / 49
Abergwaun	Dover — 345 / 53
	Southampton — 245 / 53
	Birmingham — 216 / 52
	Llundain — 256 / 50

Allwedd:
- amser byrraf y siwrnai / amser hiraf y siwrnai — ar y rheilffordd
- pellter mewn milltiroedd / cyflymder cyfartalog (mya) — ar y ffyrdd

Ffynhonnell: Ystadegau Trafnidiaeth Cymru, 2005

Y rhesymau pam mae pobl yn teithio 2004

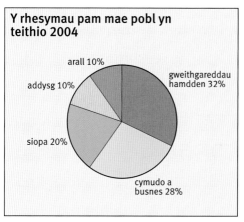

- gweithgareddau hamdden 32%
- cymudo a busnes 28%
- siopa 20%
- addysg 10%
- arall 10%

Traffig ar y ffyrdd 2005

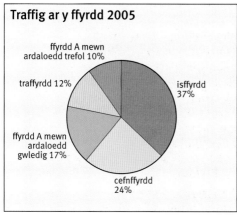

- isffyrdd 37%
- cefnffyrdd 24%
- ffyrdd A mewn ardaloedd gwledig 17%
- traffyrdd 12%
- ffyrdd A mewn ardaloedd trefol 10%

Cynlluniau cludiant cymunedol 2007

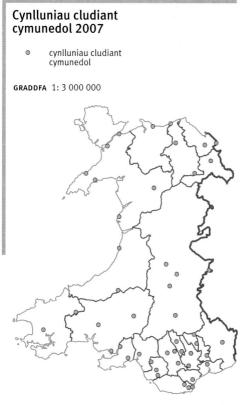

- cynlluniau cludiant cymunedol

GRADDFA 1: 3 000 000

Ffynhonnell: Y Gymdeithas Cludiant Cymunedol

Mae'r Gymdeithas Cludiant Cymunedol yn Elusen Genedlaethol sy'n rhoi llais i aelod fudiadau, ar draws y trydydd sector, ac yn darparu atebion cludiant arloesol a hyblyg er mwyn sicrhau newid cymdeithasol. Mae'r gymdeithas hefyd yn darparu cymorth o safbwynt arweinyddiaeth, dysgu a menter i'w haelod fudiadau. Mae'n hyrwyddo rhagoriaeth drwy ddarparu hyfforddiant, cyhoeddiadau, cyngor, digwyddiadau a chymorth project yn ymwneud â chludiant gwirfoddol, cymunedol a hygyrch.

Mae'r prif reilffyrdd yn rhan o'r coridorau trafnidiaeth sydd yn dilyn arfordir y gogledd a'r de. Mae eraill yn gwasanaethu'r Cymoedd o Gaerdydd neu'n rhedeg ar draws canolbarth Cymru i gysylltu â rhwydwaith Lloegr yn Amwythig. Bu ymdrechion yn ddiweddar i wella cysylltiadau rhwng y de a'r gogledd ar hyd y Gororau.

Mae hefyd nifer o reilffyrdd cul ar hyd a lled Cymru. Maent yn rhedeg trwy rai o rannau harddaf a mwyaf trawiadol y wlad. Adeiladwyd llawer ohonynt i wasanaethu chwareli llechi yng Nghymru yn y bedwaredd ganrif ar bymtheg. Nawr, fel atyniadau ymwelwyr, maent yn rhan hollbwysig o'r economïau twristiaeth lleol.

Rheilffyrdd a gorsafoedd rheilffyrdd

— prif lein
— leiniau teithwyr eraill
••••• lein nwyddau
— rheilffordd ysgafn yn cynnwys rheilffyrdd cul
● gorsaf deithwyr

Ffynhonnell: Ystadegau Trafnidiaeth Cymru 2005

GRADDFA 1: 1 300 000

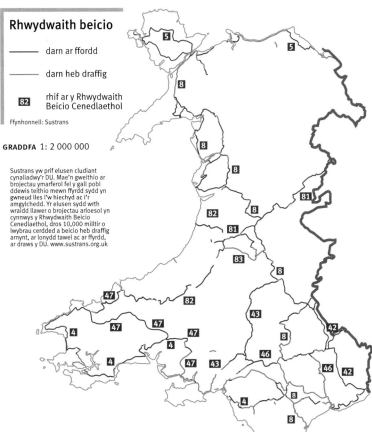

Rheilffordd Ffestiniog

Rhwydwaith beicio

— darn ar ffordd
— darn heb draffig
82 rhif ar y Rhwydwaith Beicio Cenedlaethol

Ffynhonnell: Sustrans

GRADDFA 1: 2 000 000

Sustrans yw prif elusen cludiant cynaliadwy'r DU. Mae'n gweithio ar brojectau ymarferol fel y gall pobl ddewis teithio mewn ffyrdd sydd yn gwneud lles i'w hiechyd ac i'r amgylchedd. Yr elusen sydd wrth wraidd llawer o brojectau arloesol yn cynnwys y Rhwydwaith Beicio Cenedlaethol, dros 10,000 milltir o lwybrau cerdded a beicio heb draffig arnynt, ar lonydd tawel ac ar ffyrdd, ar draws y DU. www.sustrans.org.uk

Siwrneiau teithwyr rheilffordd (mewn miloedd)

blwyddyn	o fewn Cymru	cyfanswm siwrneiau yng Nghymru
1992-1993	11 472	16 460
1993-1994	10 758	15858
1994-1995	9232	13 986
1995-1996	9390	14 487
1996-1997	9553	14 880
1997-1998	9747	15 347
1998-1999	9674	15 361
1999-2000	10 766	16 610
2000-2001	11 203	16 994
2001-2002	12 104	18 141
2002-2003	12 426	18 690
2003-2004	12 863	19 538
2004-2005	13156	19890

Rhwydwaith Beicio Cymru

Agorodd 1000 o filltiroedd cyntaf Rhwydwaith Beicio Cenedlaethol Cymru yn 2005. Mae'r Rhwydwaith yn cael ei ddatblygu a'i reoli gan Sustrans Cymru, elusen cludiant cynaliadwy. Mae'n annog pobl i gerdded, beicio a defnyddio cludiant cyhoeddus i leihau trafnidiaeth foduron a'i heffeithiau andwyol Mae llawer o lwybrau beicio Sustrans ar hyd hen reilffyrdd lle mae'r graddiant graddol yn addas iawn i feicio.

Aberdaugleddau yw'r pedwerydd porthladd mwyaf yn y DU.

Caergybi yw'r porthladd fferi mwyaf ar gyfer cludo teithwyr a nwyddau i Iwerddon.

Porthladdoedd a fferïau

↳ porthladd nwyddau

● porthladd fferi

GRADDFA 1: 2 000 000

Deg prif borthladd Prydain (tunelledd) 2004

miliwn tunnell fetrig

Porthladd	Tunelledd
Grimsby ac Immingham	57.6
Tees a Hartlepool	53.6
Llundain	53.5
Aberdaugleddau	38.5
Southampton	38.4
Forth	34.9
Lerpwl	32.2
Sullom Voe	23.9
Felixstowe	23.4
Dover	20.7

Y nifer o deithwyr ar draws y môr rhwng Cymru a Gweriniaeth Iwerddon 1991 a 2004

1991
2004

mil

	1991	2004
Caergybi	1744	2263
Abergwaun	830	614
Aberdaugleddau	278	378
Abertawe	121	116

Trafnidiaeth nwyddau ym mhorthladdoedd Cymru 2004
(mil tunnell fetrig)

Abergwaun 522
Castell-nedd 416
Y Barri 403
Mostyn 656
Abertawe 721
Caerdydd 2504
Casnewydd 3448
Caergybi 3945
Port Talbot 8555
Aberdaugleddau 38 452

Trafnidiaeth cargo ym mhrif borthladdoedd Cymru 1998 a 2004

mil tunnell fetrig	1998	2004
yr holl gargo swmp	47 512	49 744
olew crai	13 570	15 574
glo	4488	3565
olewon mwynol	9752	5566
cynwysyddion a *roll-on/roll-off*	4585	5319
yr holl gargo cyffredinol	2000	3084
cynnyrch coedwigaeth	107	407
cynnyrch haearn a dur	1716	2521
yr holl drafnidiaeth cargo	54 096	58 147

Trafnidiaeth teithwyr ym Maes Awyr Rhyngwladol Caerdydd

mil o deithwyr

cyfanswm
teithau awyr rhestredig
teithau awyr siarter

1981 1991 2001 2002 2003 2004

Trafnidiaeth awyr

⊕ prif faes awyr

✈ maes glanio

Ⓗ maes hofrenyddion

GRADDFA 1: 2 000 000

Maes Awyr Rhyngwladol Caerdydd yw'r unig faes awyr rhyngwladol yng Nghymru. Mae meysydd awyr Llundain, Manceinion a Lerpwl, a Birmingham hefyd yn bwysig i deithwyr o Gymru.

'n 2004 teithiau i ac o Sbaen 'r Ynysoedd Dedwydd oedd i yfrif am 52% o'r holl drafnidiaeth teithwyr rhyngwladol ym Maes Awyr Rhyngwladol Caerdydd. Bu cynnydd hefyd o dros 42 000 yn nifer y teithwyr oedd yn teithio rhwng Caerdydd a'r Weriniaeth Tsiec ac Iwerddon fel ei gilydd.

Cynyddodd y cyfanswm nwyddau yr oedd Maes Awyr Rhyngwladol Caerdydd yn ymdrin ag ef 20% rhwng 2003 a 2004, i 2,622 tunnell fetrig.

Mae gwasanaeth awyr dyddiol rhwng Maes Awyr Rhyngwladol Caerdydd a'r Fali yn Ynys Môn.

Oxford University Press   © Gwasg Prifysgol Rhydychen   Tafluniad Mercator Ardraws

Mae masnach â gweddill y DU yn bwysig i Gymru.

Mae'r prif lwybrau cludiant i Loegr ar hyd coridorau'r gogledd a'r de, yr A55 a'r M4.

Mae Cymru yn rhan o'r Rhwydwaith Cludiant Traws Ewropeaidd gyda dau lwybr yn cysylltu Iwerddon â'r DU a chyfandir Ewrop:

- trwy Gaergybi a gogledd Cymru
- trwy borthladdoedd Sir Benfro yn y de.

Mae Cymru'n cyfnewid y rhan fwyaf o'i nwyddau â'r rhanbarthau hynny o Loegr sydd agosaf at y ffin. Mae'n allforio llawer mwy i Dde-orllewin Lloegr, Gorllewin Canolbarth Lloegr a Gogledd-orllewin Lloegr nag i'r Gogledd-ddwyrain, Dwyrain Anglia a Llundain.

Mae mwy o nwyddau (yn ôl pwysau) yn gadael Cymru nag sy'n cael eu cludo i mewn ar y ffyrdd. Mae Cymru'n derbyn llawer mwy o fwyd, diod a thybaco nag unrhyw nwyddau eraill. Mae llawer iawn o olew crai, mwynau a gweithgynhyrchion a bwydydd yn cael eu cludo i Loegr.

Cymharol ychydig o gludo nwyddau ar y ffyrdd sydd yn digwydd o fewn Cymru. Mae'r tir mynyddig yn gwneud cludo rhwng y gogledd a'r de yn hir ac araf ac felly yn ddrud. Gan nad oes canolfannau diwydiannol mawr yn y canolbarth, nid oes angen cludo nifer mawr o weithgynhyrchion yno ac nid oes nifer mawr o weithgynhyrchion i'w cludo oddi yno.

Mae Aberdaugleddau a Doc Penfro'n borthladdoedd pwysig i'r DU yn ogystal ag i Gymru. Caiff llawer iawn o nwyddau, yn arbennig olew, eu mewnforio drwy Aberdaugleddau. Wedyn cânt eu symud ar y ffyrdd i ranbarthau tirgaeedig yn Lloegr fel Gorllewin y Canolbarth lle mae'r diwydiannau'n defnyddio llawer o'r nwyddau sy'n cael eu mewnforio.

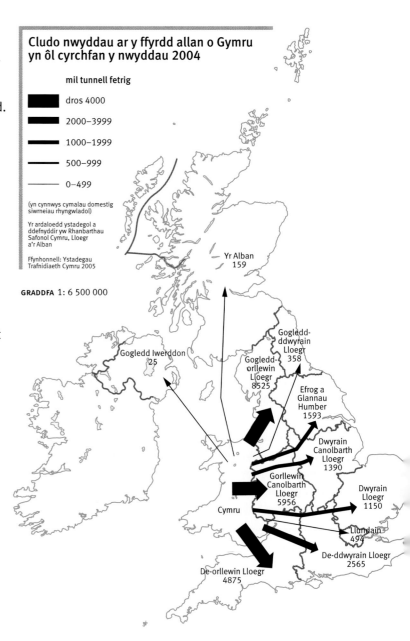

Cludo nwyddau ar y ffyrdd allan o Gymru yn ôl cyrchfan y nwyddau 2004

mil tunnell fetrig

- dros 4000
- 2000–3999
- 1000–1999
- 500–999
- 0–499

(yn cynnwys cymalau domestig siwrneiau rhyngwladol)

Yr ardaloedd ystadegol a ddefnyddir yw Rhanbarthau Safonol Cymru, Lloegr a'r Alban

Ffynhonnell: Ystadegau Trafnidiaeth Cymru 2005

GRADDFA 1: 6 500 000

Yr Alban 159

Gogledd Iwerddon 25

Gogledd-ddwyrain Lloegr 358

Gogledd-orllewin Lloegr 8525

Efrog a Glannau Humber 1593

Dwyrain Canolbarth Lloegr 1390

Gorllewin Canolbarth Lloegr 5956

Dwyrain Lloegr 1150

Cymru

Llundain 494

De-ddwyrain Lloegr 2565

De-orllewin Lloegr 4875

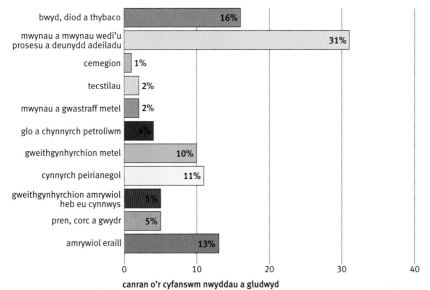

Nwyddau a gludwyd o Gymru i rannau eraill o'r Deyrnas Unedig 2004

Categori	Canran
bwyd, diod a thybaco	16%
mwynau a mwynau wedi'u prosesu a deunydd adeiladu	31%
cemegion	1%
tecstilau	2%
mwynau a gwastraff metel	2%
glo a chynnyrch petroliwm	4%
gweithgynhyrchion metel	10%
cynnyrch peirianegol	11%
gweithgynhyrchion amrywiol heb eu cynnwys	5%
pren, corc a gwydr	5%
amrywiol eraill	13%

canran o'r cyfanswm nwyddau a gludwyd

Mae nwyddau a gludwyd o Gymru i rannau eraill o'r DU yn cynnwys nwyddau sy'n dod i mewn i borthladdoedd Cymru sydd wedi'u bwriadu ar gyfer gweddill y DU.

Mwynau crai a mwynau wedi'u prosesu yw pedwar ar hugain y cant o'r holl nwyddau a gludir o Gymru yn cynnwys cargo o borthladdoedd fel Aberdaugleddau.

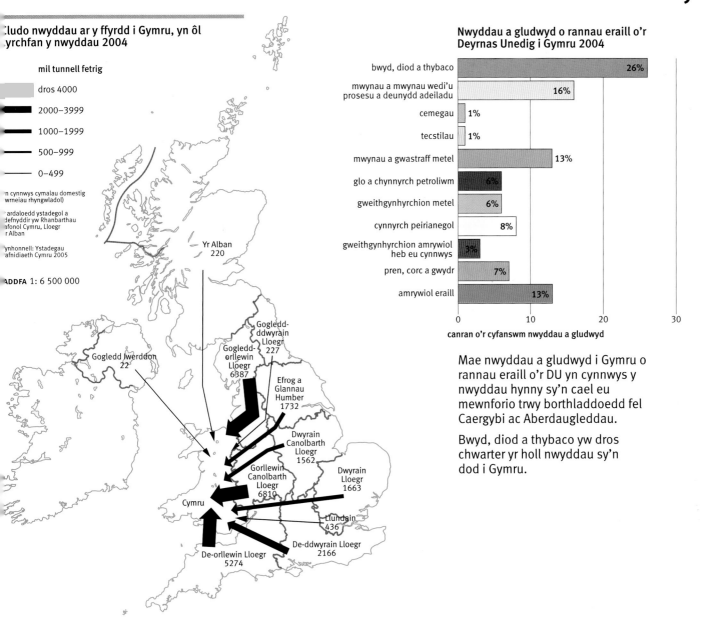

Cludo nwyddau ar y ffyrdd i Gymru, yn ôl cyrchfan y nwyddau 2004

mil tunnell fetrig

dros 4000
2000–3999
1000–1999
500–999
0–499

(yn cynnwys cymalau domestig wrneiau rhyngwladol)

ardaloedd ystadegol a ddefnyddir yw Rhanbarthau afonol Cymru, Lloegr r Alban

ynhonnell: Ystadegau afnidiaeth Cymru 2005

ADDFA 1: 6 500 000

Yr Alban
220

Gogledd Iwerddon
22

Gogledd-ddwyrain Lloegr
227

Gogledd-orllewin Lloegr
6887

Efrog a Glannau Humber
1732

Dwyrain Canolbarth Lloegr
1562

Gorllewin Canolbarth Lloegr
6810

Dwyrain Lloegr
1663

Cymru

Llundain
436

De-orllewin Lloegr
5274

De-ddwyrain Lloegr
2166

Nwyddau a gludwyd o rannau eraill o'r Deyrnas Unedig i Gymru 2004

bwyd, diod a thybaco	26%
mwynau a mwynau wedi'u prosesu a deunydd adeiladu	16%
cemegau	1%
tecstilau	1%
mwynau a gwastraff metel	13%
glo a chynnyrch petroliwm	6%
gweithgynhyrchion metel	6%
cynnyrch peirianegol	8%
gweithgynhyrchion amrywiol heb eu cynnwys	3%
pren, corc a gwydr	7%
amrywiol eraill	13%

canran o'r cyfanswm nwyddau a gludwyd

Mae nwyddau a gludwyd i Gymru o rannau eraill o'r DU yn cynnwys y nwyddau hynny sy'n cael eu mewnforio trwy borthladdoedd fel Caergybi ac Aberdaugleddau.

Bwyd, diod a thybaco yw dros chwarter yr holl nwyddau sy'n dod i Gymru.

Nwyddau yn dechrau a gorffen eu siwrnai yng Nghymru 2004

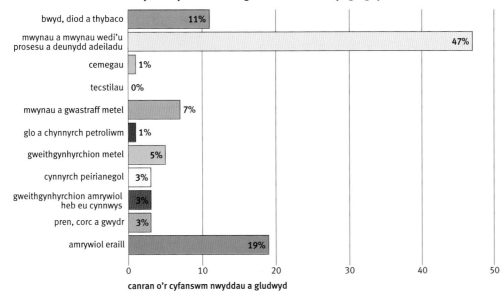

bwyd, diod a thybaco	11%
mwynau a mwynau wedi'u prosesu a deunydd adeiladu	47%
cemegau	1%
tecstilau	0%
mwynau a gwastraff metel	7%
glo a chynnyrch petroliwm	1%
gweithgynhyrchion metel	5%
cynnyrch peirianegol	3%
gweithgynhyrchion amrywiol heb eu cynnwys	3%
pren, corc a gwydr	3%
amrywiol eraill	19%

canran o'r cyfanswm nwyddau a gludwyd

Mae'r siart hwn yn dangos bod mwynau a mwynau wedi'u prosesu yn gyfran fawr iawn o'r holl nwyddau sy'n dechrau ac yn gorffen eu siwrnai yng Nghymru.

Penbwchdy

Harbwr Dinbych-y-pysgod

Eglwys Gadeiriol Tyddewi

Hwlffordd

Goleudy Pen Strymbl

Arfordir Penfro yw'r unig Barc Cenedlaethol yn y DU sy'n bennaf arfordirol. Mae yma glogwyni dramatig a thraethau tywodlyd, gweundiroedd agored ac aberoedd coediog, ynghyd â nythfeydd unigryw o adar, a thirwedd sy'n llawn chwedlau a hanes Cymru.

Er ei fod yn un o'r Parciau Cenedlaethol lleiaf o ran maint a mwyaf o ran poblogaeth, mae gan Arfordir Penfro nifer o safleoedd gwarchodedig arbennig a nifer o ardaloedd cadwraeth. Tyddewi yw dinas leiaf Prydain.

Un o uchafbwyntiau'r Parc Cenedlaethol yw Llwybr yr Arfordir, sy'n 299 km o hyd.

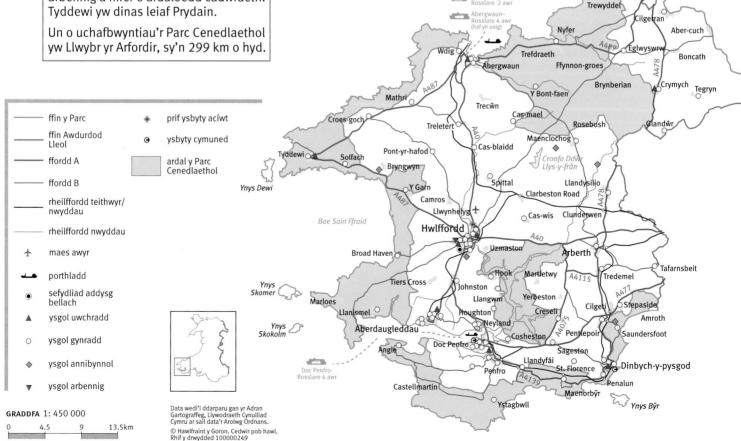

ffin y Parc	⊕	prif ysbyty acíwt
ffin Awdurdod Lleol	⊖	ysbyty cymuned
ffordd A		ardal y Parc Cenedlaethol
ffordd B		
rheilffordd teithwyr/ nwyddau		
rheilffordd nwyddau		
✈ maes awyr		
⚓ porthladd		
◉ sefydliad addysg bellach		
▲ ysgol uwchradd		
○ ysgol gynradd		
◆ ysgol annibynnol		
▼ ysgol arbennig		

GRADDFA 1: 450 000

0   4.5   9   13.5km

Data wedi'i ddarparu gan yr Adran Gartograffeg, Llywodraeth Cynulliad Cymru ar sail data'r Arolwg Ordnans.

© Hawlfraint y Goron. Cedwir pob hawl. Rhif y drwydded 100000249

Abergwaun– Rosslare 2 awr

Abergwaun– Rosslare 4 awr (haf yn unig)

Doc Penfro– Rosslare 4 awr

Llandudoch
Trewyddel
Cilgerran
Aber-cuch
Nyfer
Boncath
Wdig
Trefdraeth
Eglwyswrw
Abergwaun
Ffynnon-groes
Crymych
Tegryn
Mathri
Y Bont-faen
Brynberian
Trecŵn
Croes-goch
Cas-mael
Rosebush
Glandŵr
Treletert
Maenclochog
Tyddewi
Pont-yr-hafod
Cas-blaidd
Cronfa Ddŵr Llys-y-frân
Solfach
Bryngwyn
Llandysilio
Ynys Dewi
Y Garn
Spittal
Clarbeston Road
Camros
Llwynhelyg
Cas-wis
Clunderwen
Bae Sain Ffraid
Hwlffordd
Broad Haven
Uzmaston
A40
Arberth
Tafarnsbeit
Hook
Martletwy
Tredemel
Ynys Skomer
Tiers Cross
Johnston
Yerbeston
Cilgeti
Stepaside
Marloes
Llangwm
Creseli
Amroth
Llanismel
Houghton
Pentlepoir
Saundersfoot
Ynys Skokolm
Aberdaugleddau
Neyland
Cosheston
Sageston
Angle
Doc Penfro
Llandyfái
St. Florence
Dinbych-y-pysgod
Penfro
Penalun
Castellmartin
Maenorbŷr
Ystagbwll
Ynys Bŷr

Tarddiad ymwelwyr â'r Parc Cenedlaethol yn 2006

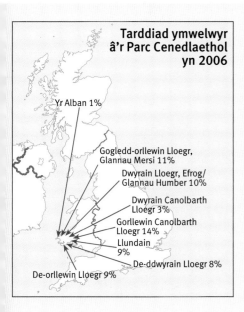

Yr Alban 1%

Gogledd-orllewin Lloegr, Glannau Mersi 11%

Dwyrain Lloegr, Efrog/ Glannau Humber 10%

Dwyrain Canolbarth Lloegr 3%

Gorllewin Canolbarth Lloegr 14%

Llundain 9%

De-ddwyrain Lloegr 8%

De-orllewin Lloegr 9%

Prif bwrpas ymweliadau â'r Parc Cenedlaethol 2004

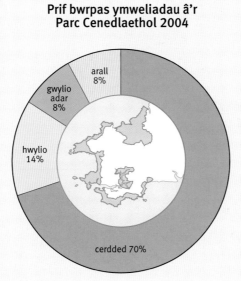

arall 8%

gwylio adar 8%

hwylio 14%

cerdded 70%

Cadwraeth natur 2006

Safleoedd o Ddiddordeb Gwyddonol Arbennig	8475 hectar
Gwarchodfeydd Natur Cenedlaethol	974 hectar
Henebion Cofrestredig	257

Hamdden 2006

Llwybrau cerdded cyhoeddus	588 km
Llwybrau ceffyl cyhoeddus	136 km
Diwrnodau-ymwelwyr â'r Parc	4.7 miliwn
Ymwelwyr dydd	14%
Ymwelwyr yn aros	86%
Ymwelwyr yn dod mewn car	84%

Perchenogaeth tir yn y Parc Cenedlaethol 2004

perchenogaeth breifat 86%
y Comisiwn Coedwigaeth 5%
cwmnïau dŵr 4%
Awdurdod y Parc Cenedlaethol 2%
Y Weinyddiaeth Amddiffyn 1%
Cyngor Cefn Gwlad Cymru 1%
arall 1%

Adeiledd oedran poblogaeth breswyl y Parc Cenedlaethol 2001

grwpiau oedran

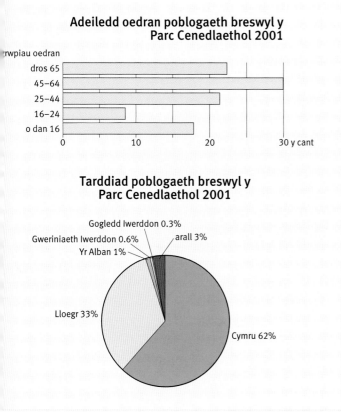

dros 65
45–64
25–44
16–24
o dan 16

0   10   20   30 y cant

Tarddiad poblogaeth breswyl y Parc Cenedlaethol 2001

Gogledd Iwerddon 0.3%
Gweriniaeth Iwerddon 0.6%
Yr Alban 1%
arall 3%
Lloegr 33%
Cymru 62%

Mathau o dir (mewn hectarau) yn y Parc Cenedlaethol 2004

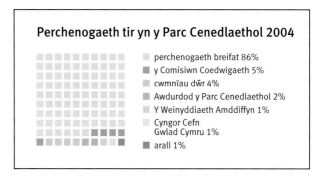

ardaloedd trefol 2%
coetir conwydd 2%
coetir llydanddail 4%
clogwyni a blaendraethau 7%
arall 2%
tir agored 15%
tir amaethyddol 68%

Ail gartrefi a chartrefi gwyliau fel canran o'r holl gartrefi 2001

Eryri 13.7%	
Bannau Brycheiniog 2.3%	
Arfordir Penfro 18.2%	

Cartrefi yn y Parc Cenedlaethol 2001

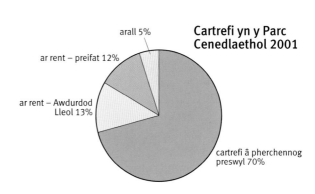

arall 5%
ar rent – preifat 12%
ar rent – Awdurdod Lleol 13%
cartrefi â pherchennog preswyl 70%

Mae gan Fannau Brycheiniog dirwedd ysblennydd o fynyddoedd, coedwigoedd, dyffrynnoedd, rhaeadrau, cronfeydd dŵr a llynnoedd, ogofâu a cheunentydd.

Mae'r Hen Dywodfaen Coch yn ffurfio tarren drawiadol a chadwyn o gopaon ar hyd ymyl ogleddol y Parc Cenedlaethol. Yma, ym mrig y calchfaen, mae trydedd ogof ar ddeg fwyaf y byd – 81 km o hyd.

Mae amaethyddiaeth yn rhan hanfodol o'r ffordd o fyw ym Mannau Brycheiniog: mae 30 gwaith yn fwy o ddefaid nag o bobl yma! Cynefinoedd glaswelltir yw'r uwchdiroedd ac mae coetiroedd a thir ffermio ffrwythlon yn y dyffrynnoedd cysgodol.

Mae Pen y Fan, y mynydd uchaf, 886 m uwchlaw lefel y môr.

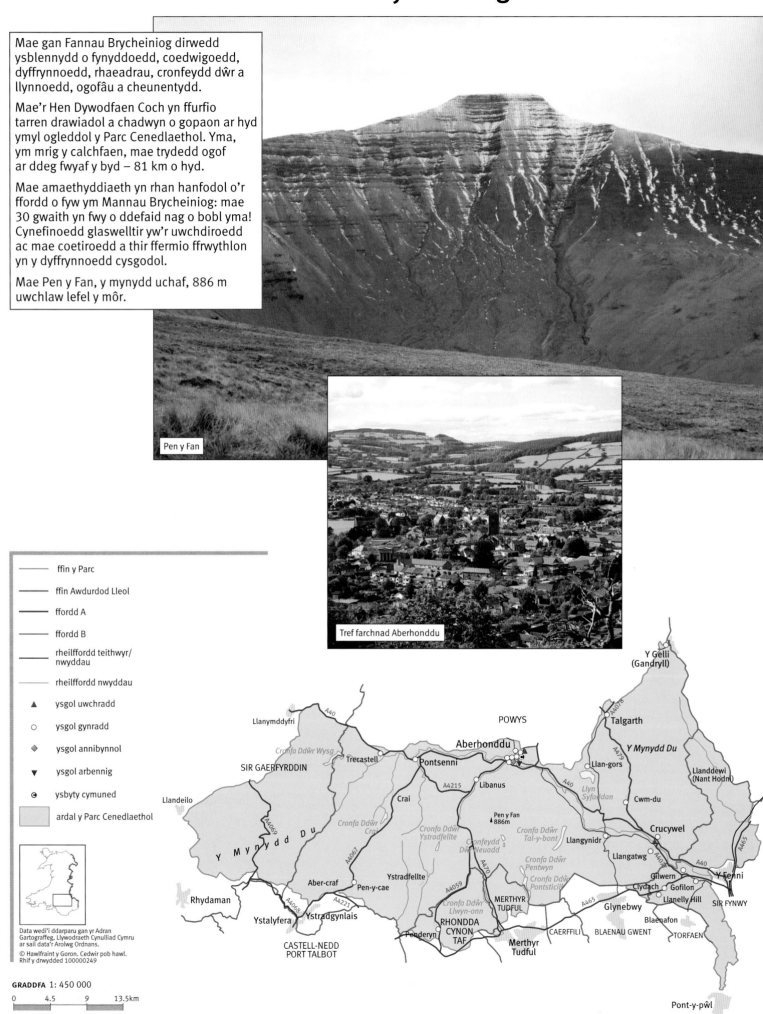

Pen y Fan

Tref farchnad Aberhonddu

——	ffin y Parc
——	ffin Awdurdod Lleol
——	ffordd A
——	ffordd B
——	rheilffordd teithwyr/nwyddau
——	rheilffordd nwyddau
▲	ysgol uwchradd
○	ysgol gynradd
◆	ysgol annibynnol
▼	ysgol arbennig
⊖	ysbyty cymuned
▨	ardal y Parc Cenedlaethol

Data wedi'i ddarparu gan yr Adran Gartograffeg, Llywodraeth Cynulliad Cymru ar sail data'r Arolwg Ordnans.

© Hawlfraint y Goron. Cedwir pob hawl. Rhif y drwydded 100000249

GRADDFA 1: 450 000

0   4.5   9   13.5km

Tarddiad ymwelwyr â'r Parc Cenedlaethol yn 2006

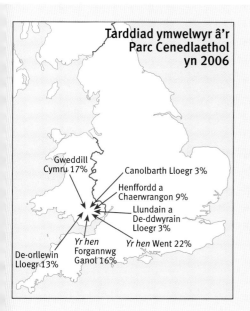

Gweddill Cymru 17%
Canolbarth Lloegr 3%
Henffordd a Chaerwrangon 9%
Llundain a De-ddwyrain Lloegr 3%
De-orllewin Lloegr 13%
Yr hen Forgannwg Ganol 16%
Yr hen Went 22%

Prif bwrpas ymweliadau â'r Parc Cenedlaethol 2004

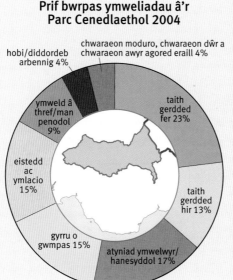

hobi/diddordeb arbennig 4%
chwaraeon moduro, chwaraeon dŵr a chwaraeon awyr agored eraill 4%
taith gerdded fer 23%
ymweld â thref/man penodol 9%
eistedd ac ymlacio 15%
taith gerdded hir 13%
gyrru o gwmpas 15%
atyniad ymwelwyr/ hanesyddol 17%

Cadwraeth natur 2006

Safleoedd o Ddiddordeb Gwyddonol Arbennig	26 163 hectar
Gwarchodfeydd Natur Cenedlaethol	792 hectar
Henebion Cofrestredig	260

Hamdden 2006

Llwybrau cerdded cyhoeddus	351 km
Llwybrau ceffyl cyhoeddus	352 km
Diwrnodau-ymwelwyr â'r Parc	7 miliwn
Ymwelwyr dydd	52%
Ymwelwyr yn aros	48%
Ymwelwyr yn dod mewn car	93%

Adeiledd oedran poblogaeth breswyl y Parc Cenedlaethol 2001

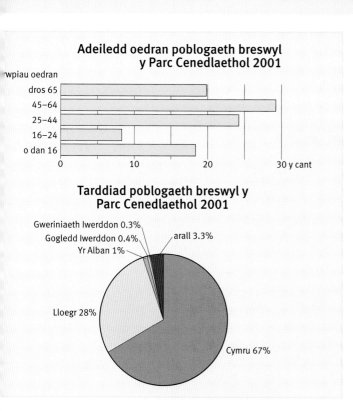

grwpiau oedran
dros 65
45–64
25–44
16–24
o dan 16
0   10   20   30 y cant

Tarddiad poblogaeth breswyl y Parc Cenedlaethol 2001

Gweriniaeth Iwerddon 0.3%
Gogledd Iwerddon 0.4%
Yr Alban 1%
arall 3.3%
Lloegr 28%
Cymru 67%

Perchenogaeth tir yn y Parc Cenedlaethol 2004

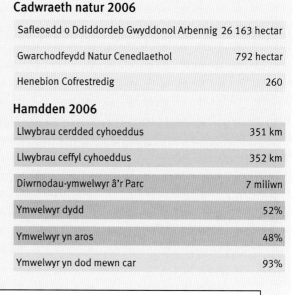

- perchenogaeth breifat 69%
- Awdurdod y Parc Cenedlaethol 13%
- Y Comisiwn Coedwigaeth 8%
- cwmnïau dŵr 4%
- Yr Ymddiriedolaeth Genedlaethol 4%
- Cyngor Cefn Gwlad Cymru 1%
- arall 1%

Mathau o dir (mewn hectarau) yn y Parc Cenedlaethol 2004

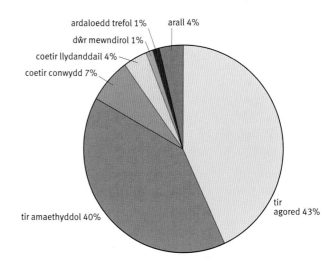

ardaloedd trefol 1%
arall 4%
dŵr mewndirol 1%
coetir llydanddail 4%
coetir conwydd 7%
tir agored 43%
tir amaethyddol 40%

Hwylio ar Lyn Syfaddan

Awdurdodau Lleol sydd â thir ym Mharc Cenedlaethol Bannau Brycheiniog

Awdurdod	Hectarau yn PCBB (a'r ganran o arwynebedd y Parc)	Cyfraniad ariannol yn 2006
Blaenau Gwent	309 (0.2%)	3.1%
Caerffili	2 (llai na 0.1%)	dim
Sir Gaerfyrddin	22 531 (16.7%)	14.7%
Merthyr Tudful	2417 (1.8%)	4.0%
Sir Fynwy	14 898 (11.0%)	11.2%
Castell-nedd Port Talbot	2 (llai na 0.1%)	dim
Powys	89 020 (66.0%)	58.8%
Rhondda Cynon Taf	5626 (4.2%)	5.1%
Torfaen	147 (0.1%)	3.1%

Eryri yw'r Parc Cenedlaethol mwyaf yng Nghymru ac yma mae'r mynyddoedd uchaf.

Cerfiodd rhewlifau yr Oes Iâ ddiwethaf y dirwedd yn ddyffrynnoedd dwfn a serth a mynyddoedd garw. Mae yma afonydd sy'n llifo'n gyflym, rhaeadrau a llynnoedd, coetiroedd hynafol, ac arfordir o draethau tywodlyd, twyni a morydau.

Mae'r amrywiaeth planhigion a bywyd gwyllt, yr olion archaeolegol, y chwareli llechi a'r gweithfeydd aur a chopr i gyd yn ychwanegu at gymeriad arbennig Eryri.

Mae'r Wyddfa, y mynydd uchaf yng Nghymru, 1085 m uwch lefel y môr.

Allwedd / Legend

- ffin y Parc
- ffin Awdurdod Lleol
- ffordd A
- ffordd B
- rheilffordd teithwyr/nwyddau
- ⊙ sefydliad addysg bellach
- ▲ ysgol uwchradd
- ○ ysgol gynradd
- ◆ ysgol annibynnol
- ⊙ ysbyty cymuned
- ✪ ysbyty iechyd meddwl
- ardal y Parc Cenedlaethol

Data wedi'i ddarparu gan yr Adran Gartograffeg, Llywodraeth Cynulliad Cymru ar sail data'r Arolwg Ordnans.

© Hawlfraint y Goron. Cedwir pob hawl.
Rhif y drwydded 100000249

GRADDFA 1: 450 000

0   4.5   9   13.5km

Moryd Glaslyn

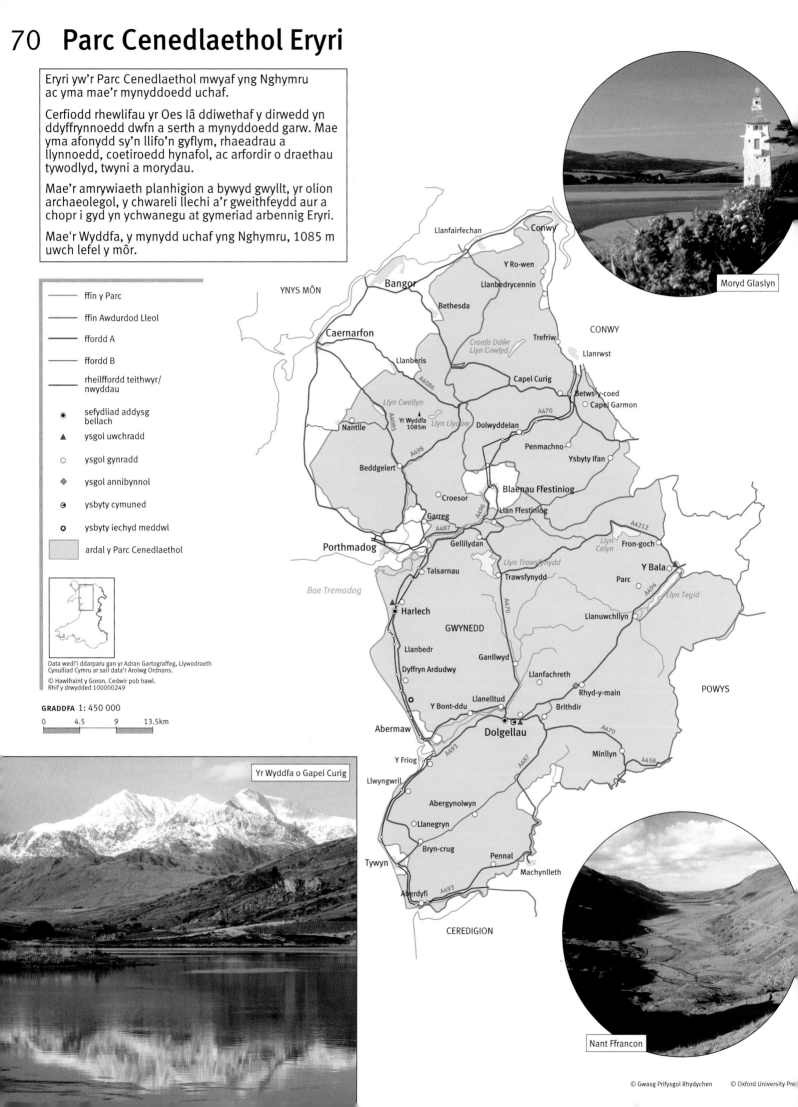

Yr Wyddfa o Gapel Curig

Nant Ffrancon

YNYS MÔN

Llanfairfechan
Conwy
Bangor
Y Ro-wen
Llanbedrycennin
Bethesda
CONWY
Caernarfon
Cronfa Ddŵr Llyn Cowlyd
Trefriw
Llanrwst
Llanberis
Capel Curig
Betws-y-coed
Llyn Cwellyn
Capel Garmon
Yr Wyddfa 1085m
Llyn Llydaw
Nantlle
Dolwyddelan
A470
Penmachno
Beddgelert
Ysbyty Ifan
Croesor
Blaenau Ffestiniog
Garreg
Llan Ffestiniog
A4212
Porthmadog
Gellilydan
Llyn Celyn
Fron-goch
Bae Tremadog
Talsarnau
Llyn Trawsfynydd
Trawsfynydd
Y Bala
Parc
Llyn Tegid
Harlech
GWYNEDD
Llanuwchllyn
Llanbedr
Ganllwyd
Dyffryn Ardudwy
Llanfachreth
POWYS
Y Bont-ddu
Llanelltud
Rhyd-y-main
Abermaw
Brithdir
Dolgellau
Y Friog
Minllyn
A470
A458
Llwyngwril
Abergynolwyn
Llanegryn
Tywyn
Bryn-crug
Pennal
Machynlleth
Aberdyfi
CEREDIGION

Tarddiad ymwelwyr â'r Parc Cenedlaethol yn 2006

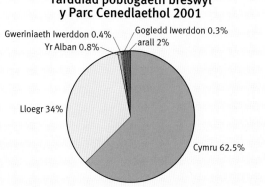

Gogledd-orllewin Lloegr/ Glannau Mersi 50%

Gorllewin Canolbarth Lloegr 17%

Gweddill Cymru 10%

Gweddill y DU 20%

Prif bwrpas ymweliadau â'r Parc Cenedlaethol 2004

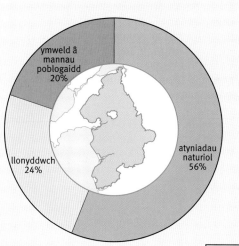

ymweld â mannau poblogaidd 20%

llonyddwch 24%

atyniadau naturiol 56%

Cadwraeth natur 2006

Safleoedd o Ddiddordeb Gwyddonol Arbennig	36 934 hectar
Gwarchodfeydd Natur Cenedlaethol	5731 hectar
Henebion Cofrestredig	359

Hamdden 2006

Llwybrau cerdded cyhoeddus	2316 km
Llwybrau ceffyl cyhoeddus	186 km
Diwrnodau-ymwelwyr â'r Parc	10.5 miliwn
Ymwelwyr dydd	49%
Ymwelwyr yn aros	51%
Ymwelwyr yn dod mewn car	91%

Perchenogaeth tir yn y Parc Cenedlaethol 2004

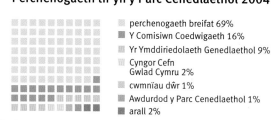

- perchenogaeth breifat 69%
- Y Comisiwn Coedwigaeth 16%
- Yr Ymddiriedolaeth Genedlaethol 9%
- Cyngor Cefn Gwlad Cymru 2%
- cwmnïau dŵr 1%
- Awdurdod y Parc Cenedlaethol 1%
- arall 2%

Adeiledd oedran poblogaeth breswyl y Parc Cenedlaethol 2001

grwpiau oedran

dros 65
45–64
25–44
16–24
o dan 16

0   10   20   30 y cant

Tarddiad poblogaeth breswyl y Parc Cenedlaethol 2001

Gweriniaeth Iwerddon 0.4%
Yr Alban 0.8%
Gogledd Iwerddon 0.3%
arall 2%

Lloegr 34%

Cymru 62.5%

Mathau o dir (mewn hectarau) yn y Parc Cenedlaethol 2004

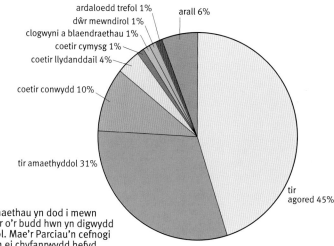

ardaloedd trefol 1%
dŵr mewndirol 1%
clogwyni a blaendraethau 1%
coetir cymysg 1%
coetir llydanddail 4%
coetir conwydd 10%
arall 6%

tir amaethyddol 31%

tir agored 45%

Gwerth amgylcheddau'r Parciau Cenedlaethol

Mae amgylcheddau'r Parciau Cenedlaethol yn bwysig i ffyniant Cymru. Cânt effaith economaidd uniongyrchol trwy ddarparu swyddi sy'n gysylltiedig â'r amgylchedd, fel amaethyddiaeth a thwristiaeth. Mae'r Parciau'n cael effaith economaidd anuniongyrchol hefyd gan fod nwyddau, cyflenwadau a gwasanaethau yn dod i mewn i'r Parciau o'r tu allan. Mae llawer o'r budd hwn yn digwydd y tu allan i'r Parciau Cenedlaethol. Mae'r Parciau'n cefnogi eu heconomïau lleol a Chymru yn ei chyfanrwydd hefyd.

	Parc Cenedlaethol Arfordir Penfro	Parc Cenedlaethol Bannau Brycheiniog	Parc Cenedlaethol Eryri
Incwm			
Cyfanswm yr incwm sy'n cael ei gynhyrchu gan yr amgylchedd	£68 miliwn	£49 miliwn	£60 miliwn
Incwm uniongyrchol o'r Parc Cenedlaethol	£51.41 miliwn	£40.17 miliwn	£55.17 miliwn
Y gyfran o'r incwm anuniongyrchol sydd o fudd i weddill economi Cymru y tu allan i'r Parc Cenedlaethol	95% (£16.2 miliwn)	85% (£7.23 miliwn)	85% (£3.9 miliwn)
Cyflogaeth			
Cyfanswm y swyddi sy'n cael eu cynnal gan amgylchedd y Parc Cenedlaethol	4 600	3 300	4 000
Nifer y swyddi sy'n gysylltiedig yn **uniongyrchol** ag amgylchedd y Parc Cenedlaethol	3 700	2 700	3 700
Nifer y swyddi sy'n gysylltiedig yn **anuniongyrchol** ag amgylchedd y Parc Cenedlaethol	900	600	201
Cyfran y gyflogaeth anuniongyrchol sy'n digwydd y tu allan i'r Parc Cenedlaethol	93%	75%	67%

Mae Caerdydd yn un o ddinasoedd ieuengaf Ewrop gyda phoblogaeth o 305 000. Yn ystod y bedwaredd ganrif ar hugain roedd yn borthladd glo prysur. Erbyn heddiw, mae Bae Caerdydd wedi ei drawsnewid i fod yn ardal fywiog, llawn bwytai ac atyniadau i ymwelwyr ar lan y dŵr. Mae Bae Caerdydd hefyd yn gartref i Lywodraeth Cynulliad Cymru a Chanolfan Mileniwm Cymru sydd yn ganolfan berfformio o safon byd eang. Mae Prifysgol Caerdydd yn ffynnu ac mae nifer o fusnesau a sefydliadau diwylliannol wedi eu lleoli yn y ddinas.

Ymysg uchafbwyntiau unrhyw ymweliad â'r ddinas mae Castell Caerdydd, Sain Ffagan: Amgueddfa Werin Cymru, ac Amgueddfa Genedlaethol Caerdydd. Yn amlwg iawn yng nghanol y ddinas y mae Stadiwm y Mileniwm, cartref i dimau rygbi a phêl-droed Cymru.

Ceir hefyd yn y ddinas nifer helaeth o dafarndai, barrau gwin, tai bwyta a chaffis. Ar gyfer siopa mae arcedau Fictoraidd ac Edwardaidd hyfryd a siopau adrannol.

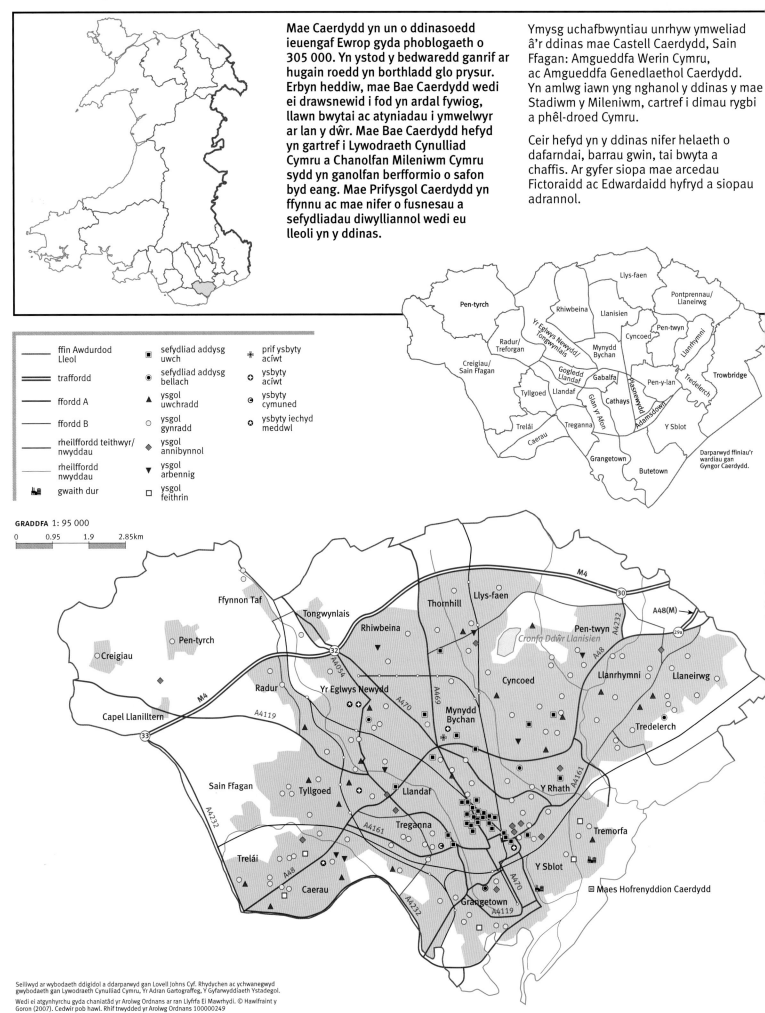

Legend

ffin Awdurdod Lleol	sefydliad addysg uwch	prif ysbyty acíwt
traffordd	sefydliad addysg bellach	ysbyty acíwt
ffordd A	ysgol uwchradd	ysbyty cymuned
ffordd B	ysgol gynradd	ysbyty iechyd meddwl
rheilffordd teithwyr/ nwyddau	ysgol annibynnol	
rheilffordd nwyddau	ysgol arbennig	
gwaith dur	ysgol feithrin	

GRADDFA 1: 95 000

0   0.95   1.9   2.85km

Seiliwyd ar wybodaeth ddigidol a ddarparwyd gan Lovell Johns Cyf. Rhydychen ac ychwanegwyd gwybodaeth gan Lywodraeth Cynulliad Cymru, Yr Adran Gartograffeg, Y Gyfarwyddiaeth Ystadegol.

Wedi ei atgynhyrchu gyda chaniatâd yr Arolwg Ordnans ar ran Llyfrfa Ei Mawrhydi. © Hawlfraint y Goron (2007). Cedwir pob hawl. Rhif trwydded yr Arolwg Ordnans 100000249

Dwysedd poblogaeth 2001

pobl yr hectar

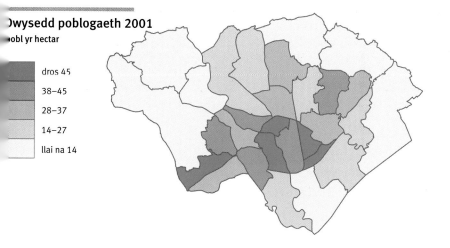

- dros 45
- 38–45
- 28–37
- 14–27
- llai na 14

Pobl na chawsant eu geni yng Nghymru 2001

y cant

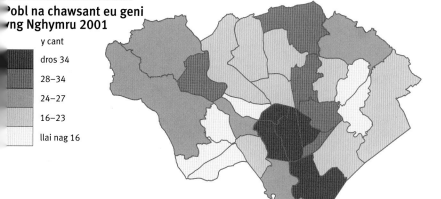

- dros 34
- 28–34
- 24–27
- 16–23
- llai nag 16

Pobl o grwpiau ethnig ar wahân i wyn 2001

y cant

- dros 18
- 10–18
- 6–9
- 4–5
- llai na 4

Pobl a gyflogir mewn gweinyddiaeth gyhoeddus, iechyd ac addysg 2001

y cant

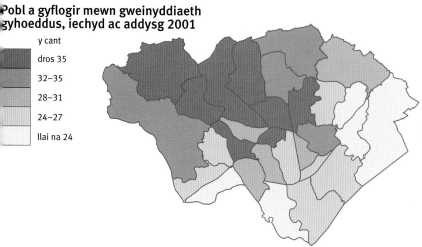

- dros 35
- 32–35
- 28–31
- 24–27
- llai na 24

Bae Caerdydd

Mae Caerdydd yn un o ddinasoedd gwyrddaf y DU gyda 330 o barciau, gerddi a llecynnau agored.

Dosbarthiad y gweithlu diwydiannol yng Nghaerdydd 2001
mae un sgwâr yn cynrychioli un y cant

Dosbarthiad y gweithlu diwydiannol yng Nghymru 2001
mae un sgwâr yn cynrychioli un y cant

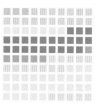

- amaethyddiaeth a physgota
- egni a dŵr
- gweithgynhyrchu
- adeiladu
- dosbarthu, gwestai a thai bwyta
- cludiant a chyfathrebu

- cyllid, TG a gweithgareddau busnes eraill
- gweinyddiaeth gyhoeddus, addysg ac iechyd
- gwasanaethau eraill

Grwpiau ethnig yng Nghaerdydd 2001

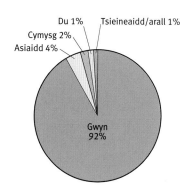

Du 1% Tsieineaidd/arall 1%
Cymysg 2%
Asiaidd 4%
Gwyn 92%

Galwedigaethau pobl sy'n gweithio yng Nghaerdydd 2005
mae un sgwâr yn cynrychioli un y cant

Galwedigaethau pobl sy'n gweithio yng Nghymru 2005
mae un sgwâr yn cynrychioli un y cant

- rheolwyr ac uwch swyddogion
- galwedigaethau proffesiynol
- proffesiynol a thechnegol cysylltiol
- gweinyddol a thechnegol
- galwedigaethau crefftau medrus
- galwedigaethau gwasanaeth personol

- galwedigaethau gwerthu a gwasanaeth cwsmeriaid
- gweithwyr offer a pheiriannau prosesu
- galwedigaethau elfennol

Mae gan ogledd-orllewin Cymru hunaniaeth gref sy'n gysylltiedig â'r iaith Gymraeg, y diwylliant a'r dirwedd a'r arfordir trawiadol.

Mae rhywfaint o fewnfudo i ardaloedd arfordirol deniadol ond mae allfudo hefyd o leoedd mwy anghysbell. Mae'r economi sy'n seiliedig ar wybodaeth yn datblygu o amgylch Bangor a'i phrifysgol. Mae'r Awdurdodau Lleol yn ceisio datblygu twristiaeth a'r agweddau gwerth ychwanegol o amaethyddiaeth.

Mae gwell cysylltiadau trafnidiaeth, ar fysiau a threnau yn arbennig, yn helpu i ledaenu ffyniant ar draws y rhanbarth. Ardal y Fenai sydd â'r potensial datblygu economaidd mwyaf, gan ledaenu ffyniant i'r ardal ehangach yn cynnwys Caergybi, Porthmadog a chymunedau'r chwareli llechi. Mae cynaliadwyedd datblygiadau newydd yn egwyddor hollbwysig er mwyn diogelu'r amgylchedd.

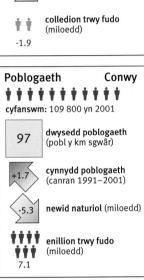

Poblogaeth   **Ynys Môn**

cyfanswm: 66 700 yn 2001

94 — dwysedd poblogaeth (pobl y km sgwâr)

-3.5 — gostyngiad poblogaeth (canran 1991–2001)

-0.5 — newid naturiol (miloedd)

colledion trwy fudo (miloedd)
-1.9

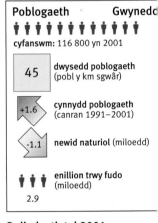

Poblogaeth   **Conwy**

cyfanswm: 109 800 yn 2001

97 — dwysedd poblogaeth (pobl y km sgwâr)

+1.7 — cynnydd poblogaeth (canran 1991–2001)

-5.3 — newid naturiol (miloedd)

enillion trwy fudo (miloedd)
7.1

Poblogaeth   **Gwynedd**

cyfanswm: 116 800 yn 2001

45 — dwysedd poblogaeth (pobl y km sgwâr)

+1.6 — cynnydd poblogaeth (canran 1991–2001)

-1.1 — newid naturiol (miloedd)

enillion trwy fudo (miloedd)
2.9

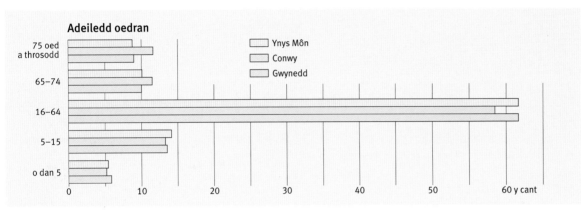

Adeiledd oedran

- Ynys Môn
- Conwy
- Gwynedd

(Oedran: 75 oed a throsodd; 65–74; 16–64; 5–15; o dan 5 — y cant: 0, 10, 20, 30, 40, 50, 60 y cant)

Gweithgareddau busnes 2003
mae un sgwâr yn cynrychioli un y cant

- amaethyddiaeth, coedwigaeth, pysgota, mwyngloddio, egni
- gweithgynhyrchu
- adeiladu
- cyfanwerthu, adwerthu ac atgyweirio
- gwestai ac arlwyo
- cludiant
- gweithgareddau cyllid/busnes
- gwasanaethau cyhoeddus

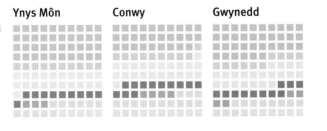

Ynys Môn   **Conwy**   **Gwynedd**

Daliadaeth tai 2001

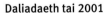

- perchennog preswyl
- ar rent – Awdurdod Lleol
- ar rent – preifat
- arall

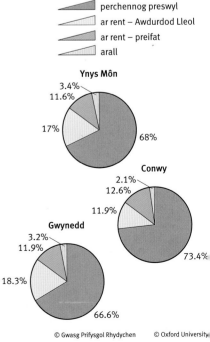

Ynys Môn
3.4%
11.6%
17%
68%

Conwy
2.1%
12.6%
11.9%
73.4%

Gwynedd
3.2%
11.9%
18.3%
66.6%

Y Fenai

wdurdodau Lleol

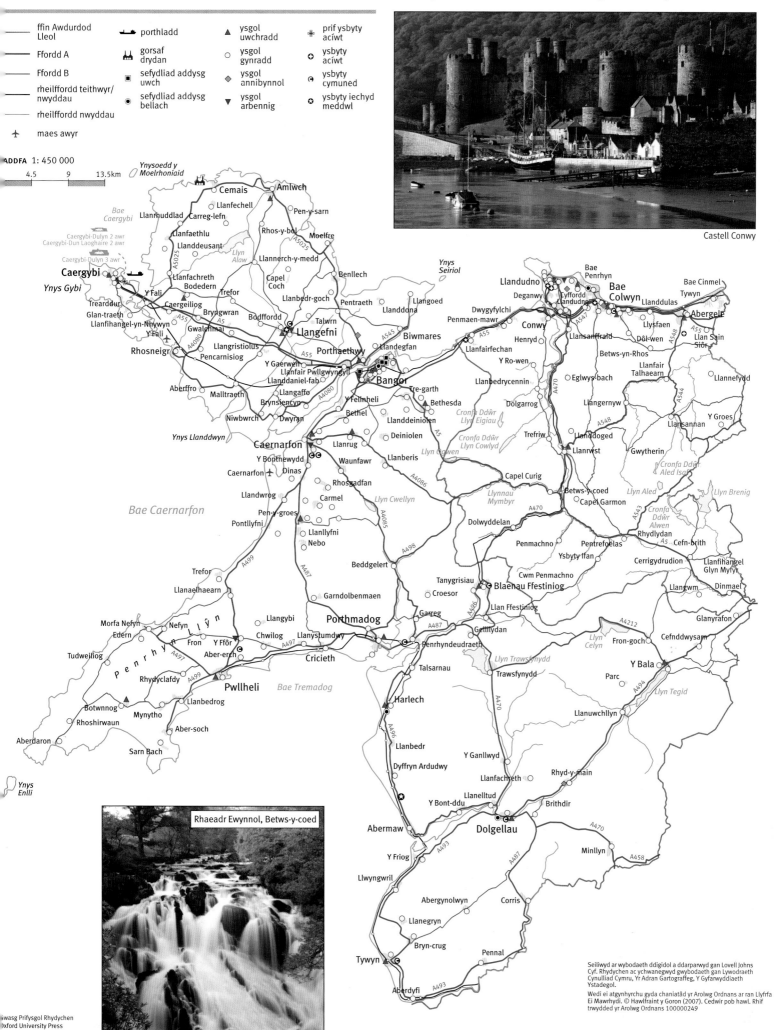

Castell Conwy

Rhaeadr Ewynnol, Betws-y-coed

Seiliwyd ar wybodaeth ddigidol a ddarparwyd gan Lovell Johns Cyf. Rhydychen ac ychwanegwyd gwybodaeth gan Lywodraeth Cynulliad Cymru, Yr Adran Gartograffeg, Y Gyfarwyddiaeth Ystadegol.

Wedi ei atgynhyrchu gyda chaniatâd yr Arolwg Ordnans ar ran Llyfrfa Ei Mawrhydi. © Hawlfraint y Goron (2007). Cedwir pob hawl. Rhif trwydded yr Arolwg Ordnans 100000249

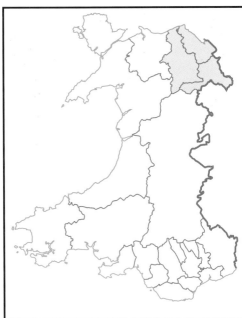

Gellir rhannu gogledd-ddwyrain Cymru yn dair ardal benodol. Yn yr ardal drefol/ddiwydiannol o amgylch Wrecsam, Glannau Dyfrdwy a gerllaw'r ffin â Lloegr y bu'r rhan fwyaf o ddatblygu economaidd. Mae diwydiannau gweithgynhyrchu a gwasanaethu modern wedi cael eu sefydlu mewn parciau busnes a hen safleoedd diwydiannol. Yn ardal yr arfordir, mae'r diwydiant twristiaeth traddodiadol wedi dirywio ac mae angen datblygiadau newydd yn yr hen ganolfannau glan y môr. Ffermio llaeth a geir yn bennaf yn yr ardal wledig fewndirol. Bu llawer o fewnfudo i'r rhanbarth. Gall pobl fyw mewn ardaloedd gwledig yn Sir Ddinbych a chymudo'n rhwydd i Lannau Dyfrdwy a Wrecsam a thu hwnt i Lerpwl a Manceinion.

Mae hygyrchedd yn allweddol er mwyn hybu'r twf economaidd i ledaenu o ddwyrain y rhanbarth. Mae ffordd yr arfordir, sef yr A55, a'r A483 yn gysylltiadau pwysig iawn â gogledd-orllewin Lloegr, canolbarth Cymru a de Cymru.

Wrecsam yw canolfan ranbarthol gogledd-ddwyrain Cymru ac mae yno ganolfan siopa fawr a phrif ysbyty ynghyd ag Athrofa Addysg Uwch Gogledd Ddwyrain Cymru.

Poblogaeth   Sir Ddinbych

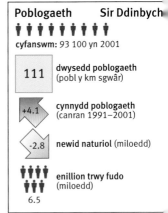

cyfanswm: 93 100 yn 2001

111 dwysedd poblogaeth (pobl y km sgwâr)

+4.1 cynnydd poblogaeth (canran 1991–2001)

-2.8 newid naturiol (miloedd)

enillion trwy fudo (miloedd)
6.5

Poblogaeth   Sir y Fflint

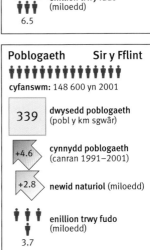

cyfanswm: 148 600 yn 2001

339 dwysedd poblogaeth (pobl y km sgwâr)

+4.6 cynnydd poblogaeth (canran 1991–2001)

+2.8 newid naturiol (miloedd)

enillion trwy fudo (miloedd)
3.7

Poblogaeth   Wrecsam

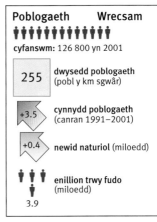

cyfanswm: 126 800 yn 2001

255 dwysedd poblogaeth (pobl y km sgwâr)

+3.5 cynnydd poblogaeth (canran 1991–2001)

+0.4 newid naturiol (miloedd)

enillion trwy fudo (miloedd)
3.9

Adeiledd oedran

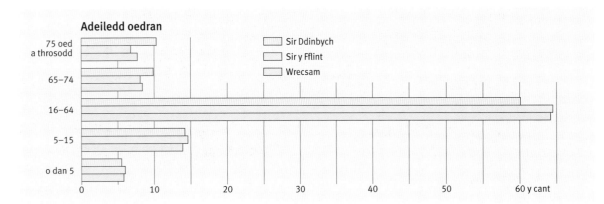

- Sir Ddinbych
- Sir y Fflint
- Wrecsam

(y cant: 0, 10, 20, 30, 40, 50, 60)
Categorïau oedran: 75 oed a throsodd, 65–74, 16–64, 5–15, o dan 5

Gweithgareddau busnes 2003
mae un sgwâr yn cynrychioli un y cant

- amaethyddiaeth, coedwigaeth, pysgota, mwyngloddio, egni
- gweithgynhyrchu
- adeiladu
- cyfanwerthu, adwerthu ac atgyweirio
- gwestai ac arlwyo
- cludiant
- gweithgareddau cyllid/busnes
- gwasanaethau cyhoeddus

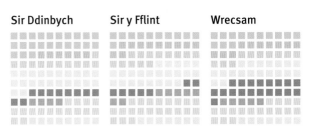

Sir Ddinbych   Sir y Fflint   Wrecsam

Daliadaeth tai 2001

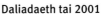
- perchennog preswyl
- ar rent – Awdurdod Lleol
- ar rent – preifat
- arall

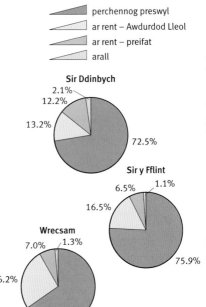

Sir Ddinbych
2.1%
12.2%
13.2%
72.5%

Sir y Fflint
6.5% 1.1%
16.5%
75.9%

Wrecsam
7.0% 1.3%
26.2%
65.5%

Dyffryn Clwyd

Awdurdodau Lleol

——	ffin Awdurdod Lleol
——	ffordd A
——	ffordd B
——	rheilffordd teithwyr/ nwyddau
✈	maes awyr
⚓	porthladd
♨	gorsaf drydan
⚒	gwaith dur
■	sefydliad addysg uwch
◉	sefydliad addysg bellach
▲	ysgol uwchradd
○	ysgol gynradd
◆	ysgol annibynnol
▼	ysgol arbennig
□	ysgol feithrin
⊕	prif ysbyty acíwt
✪	ysbyty acíwt
⊙	ysbyty cymuned
✿	ysbyty iechyd meddwl

GRADDFA 1: 450 000

4.5   9   13.5km

Seiliwyd ar wybodaeth ddigidol a ddarparwyd gan Lovell Johns Cyf.
Rhydychen ac ychwanegwyd gwybodaeth gan Lywodraeth Cynulliad
Cymru, Yr Adran Gartograffeg, Y Gyfarwyddiaeth Ystadegol.

Wedi ei atgynhyrchu gyda chaniatâd yr Arolwg Ordnans ar ran Llyfrfa
Ei Mawrhydi. © Hawlfraint y Goron (2007). Cedwir pob hawl. Rhif
trwydded yr Arolwg Ordnans 100000249

Gorsaf drydan Queensferry

Canol tref Wrecsam

Rhanbarth gwledig o ffermydd mynydd yw Powys. Mae Bannau Brycheiniog ac Uwchdiroedd Cymru yn nodedig am wylltineb a harddwch eu golygfeydd.

Mae sawl anheddiad cymharol fach sy'n allweddol o ran darparu gwasanaethau a marchnadoedd. Bu'r mudo mwyaf i Bowys yn y dwyrain lle mae gwell ffyrdd a dwy reilffordd yn cysylltu'r ardal â chanolfannau cyflogaeth yn Lloegr.

Mae cludiant ffordd yn bwysig iawn, yn enwedig y llwybrau o'r gogledd i'r de (yr A483 a'r A470). Anhygyrch yw'r mannau eraill i raddau helaeth.

Mae buddsoddi mewn cludiant cyhoeddus a chysylltiadau band llydan yn hybu datblygu economaidd. Mae potensial i ddiwydiannau twristiaeth a gwasanaethau ddatblygu yn ogystal â chanolfannau lleol ar gyfer diwydiannau gweithgynhyrchu arbenigol.

Daliadaeth tai 2001

- perchennog preswyl
- ar rent – Awdurdod Lleol
- ar rent – preifat
- arall

2.9%
12.5%
15.4%
69.2%

Poblogaeth   Powys

cyfanswm: 126 400 yn 2001

24 dwysedd poblogaeth (pobl y km sgwâr)

+5.6 cynnydd poblogaeth (canran 1991–2001)

-1.7 newid naturiol (miloedd)

enillion trwy fudo (miloedd)
8.4

Adeiledd oedran

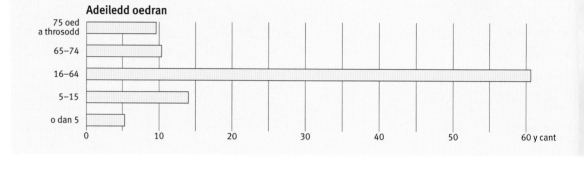

75 oed a throsodd
65–74
16–64
5–15
o dan 5

0   10   20   30   40   50   60 y cant

Gweithgareddau busnes 2003
mae un sgwâr yn cynrychioli un y cant

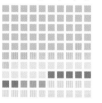

- amaethyddiaeth, coedwigaeth, pysgota, mwyngloddio, egni
- gweithgynhyrchu
- adeiladu
- cyfanwerthu, adwerthu ac atgyweirio
- gwestai ac arlwyo
- cludiant
- gweithgareddau cyllid/busnes
- gwasanaethau cyhoeddus

Maint y gweithlu mewn unedau gweithgynhyrchu

gweithwyr
dros 500   nifer yr unedau
200–499   5 uned
100–199   10 uned
50–99   15 uned
20–49   40 uned
10–19   45 uned
1–9   295 uned

Ansawdd tir 2002
mae un sgwâr yn cynrychioli un y cant

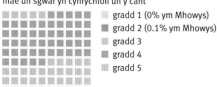

- gradd 1 (0% ym Mhowys)
- gradd 2 (0.1% ym Mhowys)
- gradd 3
- gradd 4
- gradd 5

Dyffryn Ieithon, i'r de o Lanbadarn Fynydd

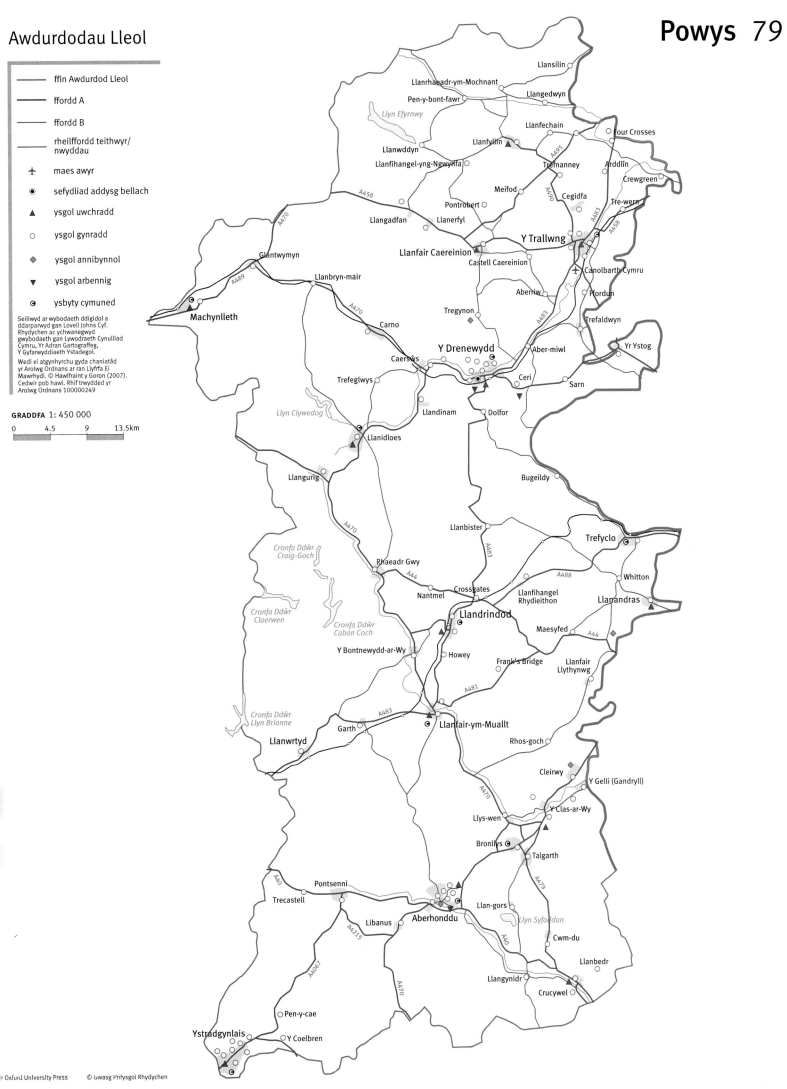

Rhanbarth gwledig gan mwyaf yw de-orllewin Cymru gydag amrywiaeth o aneddiadau gan gynnwys trefi marchnad a chanolfannau gweinyddol a gwasanaethau.

Mae'r ardal yn amgylcheddol ddeniadol a cheir yma ansawdd bywyd da sy'n hybu twristiaeth a mewnfudo. Fodd bynnag, mae ar yr ardal angen cyfleoedd economaidd er mwyn annog pobl ifanc i aros yn y rhanbarth.

Ym maes datblygu economaidd, y nod yw adeiladu ar gryfderau rhanbarthol sy'n bodoli'n barod fel y brifysgol yn Aberystwyth, y porthladdoedd yn Aberdaugleddau, Doc Penfro ac Abergwaun, a chyfleusterau adwerthu Caerfyrddin a Hwlffordd.

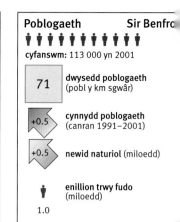

Poblogaeth　　**Sir Benfro**

cyfanswm: 113 000 yn 2001

71 dwysedd poblogaeth
(pobl y km sgwâr)

+0.5 cynnydd poblogaeth
(canran 1991–2001)

+0.5 newid naturiol (miloedd)

enillion trwy fudo
(miloedd)
1.0

Ynys Skomer

——	ffin Awdurdod Lleol
——	ffordd A
——	ffordd B
——	rheilffordd teithwyr/ nwyddau
——	rheilffordd nwyddau
✈	maes awyr
⛴	porthladd
◉	sefydliad addysg bellach
▲	ysgol uwchradd
○	ysgol gynradd
◆	ysgol annibynnol
▼	ysgol arbennig
✚	prif ysbyty acíwt
☉	ysbyty cymuned

Seiliwyd ar wybodaeth ddigidol a ddarparwyd gan Lovell Johns Cyf. Rhydychen ac ychwanegwyd gwybodaeth gan Lywodraeth Cynulliad Cymru, Yr Adran Gartograffeg, Y Gyfarwyddiaeth Ystadegol.

Wedi ei atgynhyrchu gyda chaniatâd yr Arolwg Ordnans ar ran Llyfrfa Ei Mawrhydi. © Hawlfraint y Goron (2007). Cedwir pob hawl. Rhif trwydded yr Arolwg Ordnans 100000249

GRADDFA 1: 450 000

0　　4.5　　9　　13.5km

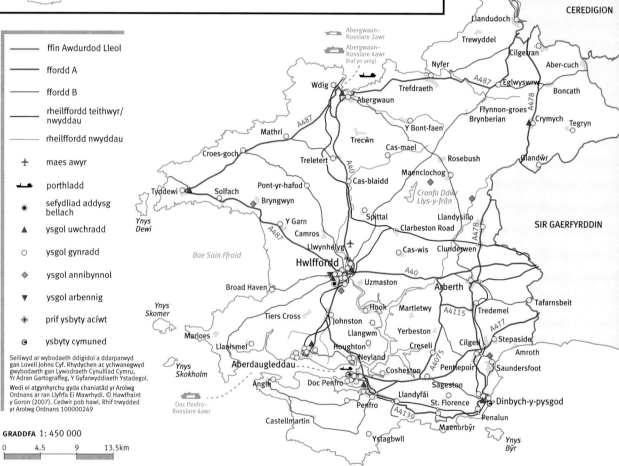

Adeiledd oedran

- Sir Gaerfyrddin
- Ceredigion
- Sir Benfro

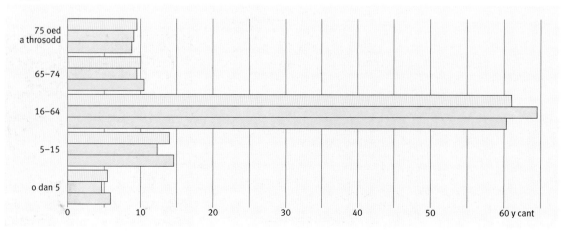

75 oed a throsodd	
65–74	
16–64	
5–15	
o dan 5	

0　　10　　20　　30　　40　　50　　60 y cant

Gweithgareddau busnes 2003
Sir Benfro mae un sgwâr yn cynrychioli un y cant

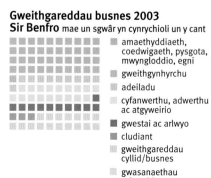

- amaethyddiaeth, coedwigaeth, pysgota, mwyngloddio, egni
- gweithgynhyrchu
- adeiladu
- cyfanwerthu, adwerthu ac atgyweirio
- gwestai ac arlwyo
- cludiant
- gweithgareddau cyllid/busnes
- gwasanaethau cyhoeddus

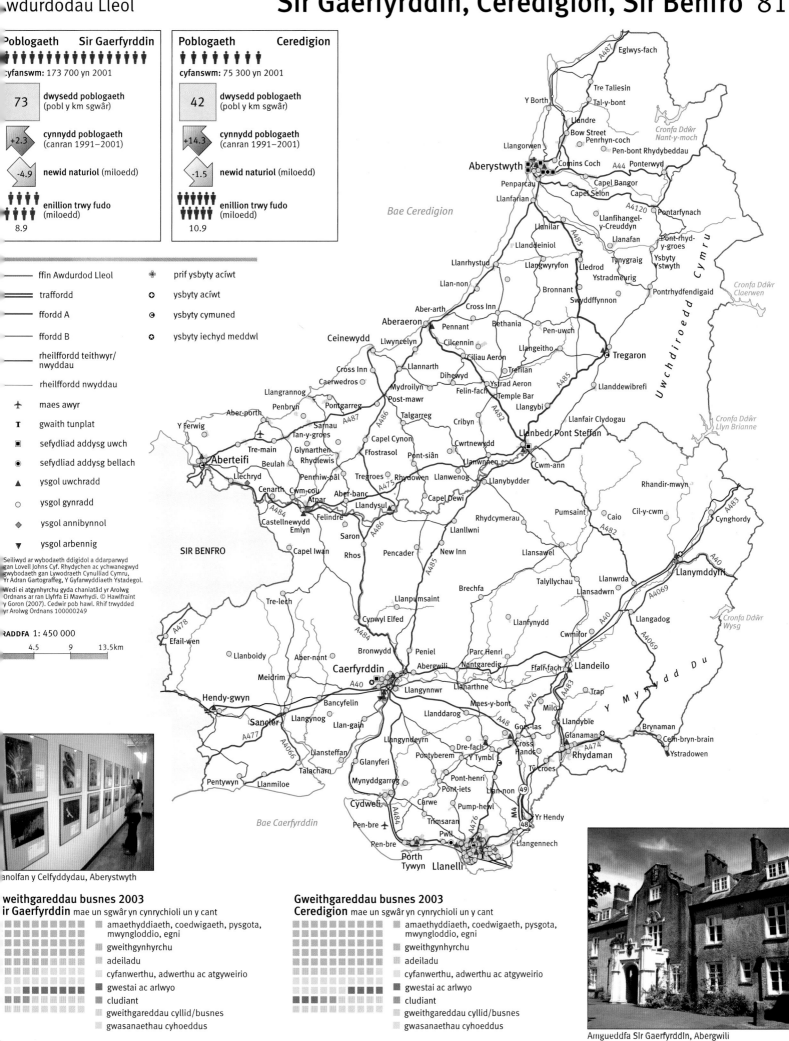

Canolfan y Celfyddydau, Aberystwyth

Amgueddfa Sir Gaerfyrddin, Abergwili

Oxford University Press © Gwasg Prifysgol Rhydychen

Awdurdodau Lleol bach y Cymoedd oedd calon diwydiannau glo a dur Cymru yn y bedwaredd ganrif ar bymtheg.

Mae gan drigolion Cymoedd de Cymru ymdeimlad cryf iawn o hunaniaeth sy'n gysylltiedig â'u gorffennol diwydiannol. Prin yw'r arwyddion allanol o'r hen ddiwydiannau yn y cymoedd dyfnion, culion, erbyn hyn. Fodd bynnag, mae llawer o drefi a phentrefi yn wynebu problemau cymdeithasol ac economaidd.

Mae'r Awdurdodau Lleol yn ceisio lleihau allfudo, gwella ansawdd bywyd a chynyddu ffyniant y rhanbarth cyfan.

Mae cymunedau'r Cymoedd yn amrywiol. Mae'r cymunedau yn rhannau canol ac isaf y Cymoedd yn elwa ar y datblygiadau economaidd newydd gerllaw'r arfordir.

Mae anghenion y cymunedau sydd wedi'u hynysu'n ddaearyddol yn rhannau uchaf y Cymoedd ag anghenion gwahanol iawn i'r rheini sydd ymhellach i'r de. Mae llawer o waith adfywio yn digwydd yn yr ardal, yn enwedig ym Merthyr Tudful a Glynebwy.

Mae gwella'r rhwydwaith ffyrdd a rheilffyrdd yn strategaeth hanfodol er mwyn integreiddio'r Cymoedd â'r arfordir, Caerdydd a'r M4.

Poblogaeth   Blaenau Gwent

cyfanswm: 70 000 yn 2001

644 — dwysedd poblogaeth (pobl y km sgwâr)

-3.7 — gostyngiad poblogaeth (canran 1991–2001)

-0.4 — newid naturiol (miloedd)

colledion trwy fudo (miloedd) -2.2

Poblogaeth   Caerffili

cyfanswm: 169 600 yn 2001

611 — dwysedd poblogaeth (pobl y km sgwâr)

-0.6 — gostyngiad poblogaeth (canran 1991–2001)

+3.3 — newid naturiol (miloedd)

colledion trwy fudo (miloedd) -4.4

Poblogaeth   Caerdydd

cyfanswm: 305 200 yn 2001

2198 — dwysedd poblogaeth (pobl y km sgwâr)

2.8 — cynnydd poblogaeth (canran 1991–2001)

+9.8 — newid naturiol (miloedd)

colledion trwy fudo (miloedd) -1.5

Poblogaeth   Merthyr Tudful

cyfanswm: 56 000 yn 2001

506 — dwysedd poblogaeth (pobl y km sgwâr)

-8.1 — gostyngiad poblogaeth (canran 1991–2001)

+0.2 — newid naturiol (miloedd)

colledion trwy fudo (miloedd) -3.6

Poblogaeth   Sir Fynwy

cyfanswm: 85 000 yn 2001

100 — dwysedd poblogaeth (pobl y km sgwâr)

+5.0 — cynnydd poblogaeth (canran 1991–2001)

-0.3 — newid naturiol (miloedd)

enillion trwy fudo (miloedd) 5.1

Poblogaeth   Casnewydd

cyfanswm: 137 000 yn 2001

719 — dwysedd poblogaeth (pobl y km sgwâr)

+1.2 — cynnydd poblogaeth (canran 1991–2001)

+1.5 — newid naturiol (miloedd)

enillion trwy fudo (miloedd) 3.0

Poblogaeth   Rhondda Cynon Taf

cyfanswm: 231 900 yn 2001

547 — dwysedd poblogaeth (pobl y km sgwâr)

-1.3 — gostyngiad poblogaeth (canran 1991–2001)

0.6 — newid naturiol (miloedd)

colledion trwy fudo (miloedd) -3.6

Poblogaeth   Torfaen

cyfanswm: 90 900 yn 2001

724 — dwysedd poblogaeth (pobl y km sgwâr)

0.0 — newid yn y boblogaeth (canran 1991–2001)

+1.4 — newid naturiol (miloedd)

colledion trwy fudo (miloedd) -1.4

Gweithgareddau busnes 2003
mae un sgwâr yn cynrychioli un y cant

- amaethyddiaeth, coedwigaeth, pysgota, mwyngloddio, egni
- gweithgynhyrchu
- adeiladu
- cyfanwerthu, adwerthu ac atgyweirio
- gwestai ac arlwyo
- cludiant
- gweithgareddau cyllid/busnes
- gwasanaethau cyhoeddus

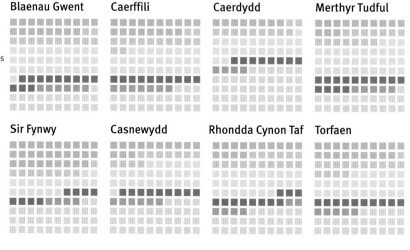

Blaenau Gwent   Caerffili   Caerdydd   Merthyr Tudful

Sir Fynwy   Casnewydd   Rhondda Cynon Taf   Torfaen

Stryd Fawr, Merthyr Tudful

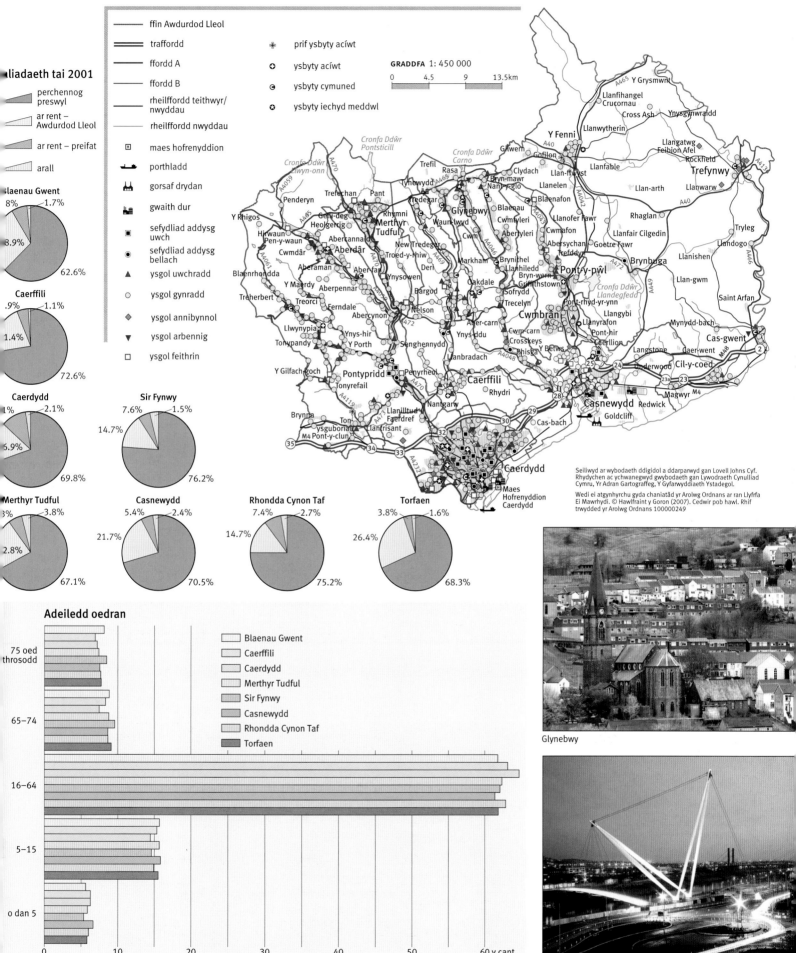

Glynebwy

Pont droed dros Afon Wysg, Casnewydd

Oxford University Press   © Gwasg Prifysgol Rhydychen

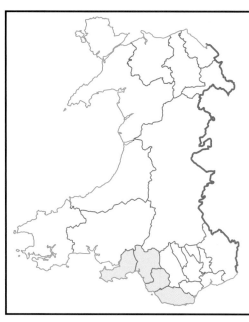

Mae hon yn ardal o gyferbyniadau. Mae Arfordir Treftadaeth Morgannwg a Phenrhyn Gŵyr, sydd yn Ardal o Harddwch Naturiol Eithriadol, yn dirweddau gwarchodedig sy'n hybu datblygiad y diwydiant twristiaeth. Mewn mannau eraill mae ardaloedd helaeth o hen dir diwydiannol y mae modd ei ailddatblygu.

Mae Glannau Abertawe yn ffocws i ddatblygiad economaidd yn ail ddinas a phorthladd Cymru. Ymysg rhai o'r cynlluniau adfywio mawr eraill mae Parc Ynni Bae Baglan, Pentref Trefol Llandarcy a Pharc Arfordirol y Mileniwm, Llanelli. Un o amcanion y buddsoddiadau diweddar hyn yw lleihau'r allfudo o'r ardal.

Mae traffordd yr M4, sydd yn rhedeg trwy'r ardal, yn hybu twf economaidd ar hyd yr arfordir. Mae'r brifysgol yn Abertawe yn ganolfan i fusnesau newydd sy'n seiliedig ar dechnoleg a gwybodaeth. Y gobaith yw y bydd cymoedd Tawe a Nedd hefyd yn elwa ar y datblygu economaidd sy'n parhau yn ne'r ardal.

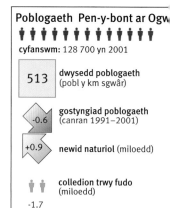

Poblogaeth Pen-y-bont ar Ogwr

cyfanswm: 128 700 yn 2001

513	dwysedd poblogaeth (pobl y km sgwâr)
-0.6	gostyngiad poblogaeth (canran 1991–2001)
+0.9	newid naturiol (miloedd)
-1.7	colledion trwy fudo (miloedd)

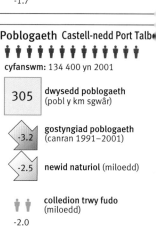

Poblogaeth Castell-nedd Port Talb

cyfanswm: 134 400 yn 2001

305	dwysedd poblogaeth (pobl y km sgwâr)
-3.2	gostyngiad poblogaeth (canran 1991–2001)
-2.5	newid naturiol (miloedd)
-2.0	colledion trwy fudo (miloedd)

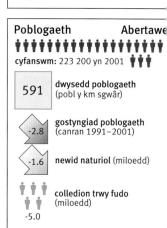

Poblogaeth Abertawe

cyfanswm: 223 200 yn 2001

591	dwysedd poblogaeth (pobl y km sgwâr)
-2.8	gostyngiad poblogaeth (canran 1991–2001)
-1.6	newid naturiol (miloedd)
-5.0	colledion trwy fudo (miloedd)

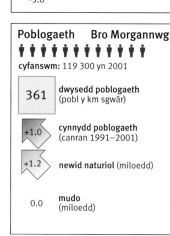

Poblogaeth Bro Morgannwg

cyfanswm: 119 300 yn 2001

361	dwysedd poblogaeth (pobl y km sgwâr)
+1.0	cynnydd poblogaeth (canran 1991–2001)
+1.2	newid naturiol (miloedd)
0.0	mudo (miloedd)

Adeiledd oedran

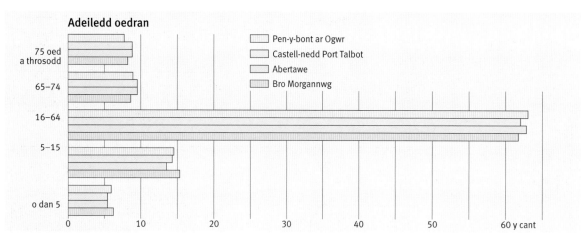

Legend:
- Pen-y-bont ar Ogwr
- Castell-nedd Port Talbot
- Abertawe
- Bro Morgannwg

Y-axis: 75 oed a throsodd, 65–74, 16–64, 5–15, o dan 5
X-axis: 0, 10, 20, 30, 40, 50, 60 y cant

Gweithgareddau busnes 2003

mae un sgwâr yn cynrychioli un y cant

- amaethyddiaeth, coedwigaeth, pysgota, mwyngloddio, egni
- gweithgynhyrchu
- adeiladu
- cyfanwerthu, adwerthu ac atgyweirio
- gwestai ac arlwyo
- cludiant
- gweithgareddau cyllid/busnes
- gwasanaethau cyhoeddus

Pen-y-bont ar Ogwr   Castell-nedd Port Talbot   Abertawe   Bro Morgannwg

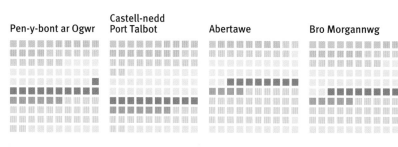

Bae'r Tri Chlogwyn, Penrhyn Gŵyr

wdurdodau Lleol

ffin Awdurdod Lleol	⊕ prif ysbyty acíwt
traffordd	○ ysbyty acíwt
ffordd A	◓ ysbyty cymuned
ffordd B	○ ysbyty iechyd meddwl
rheilffordd teithwyr/ nwyddau	
rheilffordd nwyddau	

✈ maes awyr
⚓ porthladd
⛨ gorsaf drydan
⛭ gwaith dur

■ sefydliad addysg uwch
◉ sefydliad addysg bellach
▲ ysgol uwchradd
○ ysgol gynradd
◆ ysgol annibynnol
▼ ysgol arbennig
□ ysgol feithrin

eiliwyd ar wybodaeth ddigidol a ddarparwyd an Lovell Johns Cyf. Rhydychen ac ychwanegwyd wybodaeth gan Lywodraeth Cynulliad Cymru, r Adran Gartograffeg, Y Gyfarwyddiaeth Ystadegol.

Jedi ei atgynhyrchu gyda chaniatâd yr Arolwg rdnans ar ran Llyfrfa Ei Mawrhydi. © Hawlfraint Goron (2007). Cedwir pob hawl. Rhif trwydded r Arolwg Ordnans 100000249

ADDFA 1: 450 000

4.5   9   13.5km

aliadaeth tai 2001

▨ perchennog preswyl
▧ ar rent – Awdurdod Lleol
▨ ar rent – preifat
▧ arall

n-y-bont ar Ogwr
.3% — 2.2%
4.4%
77.1%

Castell-nedd Port Talbot
.9% — 2.6%
0.3%
71.3%

Abertawe
.5% — 2.6%
9.4%
69.5%

Bro Morgannwg
.9% — 1.3%
3.0%
77.8%

Gwaith dur Port Talbot

Siambr Gladdu Llwyneliddon

Y Bont-faen

Marina Abertawe

Castell Margam

88 Cydnabyddiaethau

Hoffai'r cyhoeddwyr ddiolch i'r deiliaid hawlfraint neu asiantaethau canlynol am eu caniatâd i atgynhyrchu deunydd a ffotograffau:

Alamy; British Geological Society; British Wind Energy Association; Cyngor Caerdydd; Yr Adran Gartograffeg, Llywodraeth Cynulliad Cymru; Canolfan Ecoleg a Hydroleg, Wallingford; Cymdeithas Trafnidiaeth Cymunedol; Corbis; Asiantaeth yr Amgylchedd Cymru; Comisiwn Coedwigaeth; Getty; Gwasanaethau Gwybodaeth Ddaearyddol, Llywodraeth Cynulliad Cymru; Lovell Johns Cyf.; Y Swyddfa Dywydd; Amgueddfa Cymru; Sefydliad Adnoddau Pridd; Yr Arolwg Ordnans; The Photolibrary Wales; Punchstock; Rex Features; Comisiwn Brenhinol Henebion Cymru; Sustrans; Llywodraeth Cynulliad Cymru.

Yr Arolwg Ordnans - Mapiau wedi eu hatgynhyrchu gyda chaniatâd yr Arolwg Ordnans ar ran Llyfrfa Ei Mawrhydi. © Hawlfraint y Goron (2007). Cedwir bob hawl. Rhif trwydded yr Arolwg Ordnans 100000249

Dyluniwyd y tudalennau gan Adrian Smith
Gwaith cartograffeg ychwanegol gan Carolyn Anderson
Gwaith celf gan Tracey Learoyd
Addaswyd i'r Gymraeg gan Tegwen Williams

Ymdrechwyd i gysylltu â'r holl berchenogion hawlfreintiau o'r deunydd a atgynhyrchwyd yn yr atlas hwn. Os oes unrhyw un y mae'r cyhoeddwyr yn ddiarwybod wedi methu â chydnabod ei hawliau gofynnwn iddynt gysylltu â Gwasg Prifysgol Rhydychen, Adran Addysg, Great Clarendon Street, Rhydychen OX2 6DP.

Cydnabyddiaethau - ffotograffau
Hoffai'r cyhoeddwyr ddiolch i'r canlynol am ganiatâd i atgynhyrchu ffotograffau:

Ffotograffau ar y clawr: Photolibrary Wales/Alamy: gd & cg; Ann Rayworth/Alamy: ct; Woodfall Images/Alamy:td.

Alamy tt 11 (gch/Chris Howes/Wild Places Photography), 12 (td/Mike Spence), (tch/ Mervyn Rees), (tc/CW Images), 13 (gd/graham bell), (gd/Liquid Light), (cch/Jeff Morgan rural environment), 19 (gch/Ian Nellist), 24 (gcd/Camera Lucida), (gcch/nagelestock.com), (g/wwsr), (td/Rough Guides), 25 (gch/Jeff Morgan industry and work), (gc/Rough Guides), (tccht/Pat Bennett), 29 (Geoffrey Morgan), 39 (CW Images), 46 (tch/Chris Howes/ Wild Places Photography), (tcd/Keith Morris), (gch/Jack Sullivan), (gc/Liquid Light), 49 (Craig Roberts), 51 (g/greenwales), (gt/Jeff Morgan waste management), 59 (g/Terry Whittaker), 68 (t/Nick Emm), 75 (t/Robert Harding Picture Library Cyf.), (g/Paul Thompson Images), 77 (ch/wales Alan King), 80 (Jason Smalley/Wildscape), 84 (Jeremy Inglis); Corbis tt 11 (cch/Hulton-Deutsch Collection), 13 (cd/Andrew Brown/Ecoscene), 46 (tcch/ Skyscan), (gd/Michael St. Maur Sheil), 70 (td/Richard T. Nowitz); Getty Images t 11 (cylch top /Hulton Archive), (cylch gwaelod/Hulton Archive); The Photolibrary Wales tt 10t, 10 (g/Andrew Davies), 11 (tch/Simon Regan), (gd/Paul Parker), (td/Jeff Morgan), 12 (gch/Jeremy Moore), (gd/Chris Warren), 13 (td/David Angel), (tch/Brian Woods), 24 (tcch/Chris Warren), (tch/Jeremy Moore), (tcd/Michael Dent), (gc/Kevin Richardson), 25 (tch/ Michael Dent), (gd & tcd, td/Steve Benbow), (tcchg/Jeremy Moore), 27 (Pierino Algieri), 46 (td/Chris Colclough), gcch, (gcd/David Angel), 54 (td/ Jeff Morgan), (gch/Martin Barlow), (gd/Brian Tucker), 59 (gt/Paul Parker), 60 (David Williams), 62 (Peter Lane), 66 (td/Phil Jones), (tc/Chris Warren), (gd & tch/Chris Warren), (gcch/Kevin Fitzmaurice Brown), 68g, 69 (Brian Woods), 70 (gch/Allen Lloyd), 70gd, 73 (Simon Regan), 74 (Peter Lane), 76 (Michael Steciuk), 77 (d/Geraint Wyn Jones), 78 (Jeremy Moore), 81ch & d, 82 (John Kinsey), 83 (gt/Jeff Morgan), (g/Billy Stock), 85 (gd/Kevin Fitzmaurice Brown), (tch/Mark Mumford), 85gch, (tcch/Paul Parker), (td/Glyn Evans); Punchstock t 56 (Image Source Pink); Rex Features t 12 (cch/ The Travel Library)

Darparwyd y ffotograffau gan Pictureresearch.co.uk.